AF302386

Seneca

Epistulae morales ad Lucilium

Liber XX
Epistulae CXVIII-CXXIV

Latein/Deutsch

Michael Weischede

Herstellung und Verlag:

BoD - Books on Demand, Norderstedt

ISBN 9783759742582

© 2024 Michael Weischede

Bibliografische Information der Deutschen Nationalbibliothek

Die Deutsche Nationalbibliothek verzeichnet diese Publikation in der
Deutschen Nationalbibliografie; detaillierte bibliografische Daten sind im
Internet über http://dnb.dnb.de abrufbar.

Vorwort

Senecas Briefe an seinen Freund Lucilius gehören zu den wenigen Texten der lateinischen Literatur, die auch nach dem Zusammenbruch des Römischen Reiches nicht in Vergessenheit gerieten. Während die meisten Publikationen der Antike erst in der Renaissance „wiedergeboren" wurden, fanden die Epistulae morales ad Lucilium bis in unsere Zeit hinein durchgängig eine interessierte Leserschaft. Aus diesem Grund herrscht auch heute kein Mangel an Übersetzungen der Briefe. Es erschien mir deshalb wenig sinnvoll, eine weitere Übersetzung hinzuzufügen, ohne einen gesonderten Schwerpunkt zu setzen. Ich habe mich deshalb ganz bewusst für ein möglichst text- und wortgetreues Vorgehen entschieden und dabei versucht, mich möglichst an die Wortvorschläge der gängigen Lexika zu halten; besonders hilfreich war hierbei die Online-Ausgabe des Georges. Vor allem Schülern sollte es auf diese Weise leichter fallen, die Übersetzung aus dem Lateinischen nachzuvollziehen und bei Bedarf mit ihren eigenen Bemühungen zu vergleichen.

Der lateinische Textteil stammt aus verschiedenen Internetquellen, wobei das Augenmerk auf der Gemeinfreiheit lag. Er ist also nicht editiert, und ich habe mir zudem erlaubt, ihn hier und da an meine stilistischen Vorlieben anzupassen. Für ein ernsthaftes wissenschaftliches Arbeiten ist also nicht geeignet.

Dortmund im Juni 2024

Liber XX – Epistula CXVIII

Seneca Lucilio suo Salutem,

(1) Exigis a me frequentiores epistulas. Rationes conferamus: soluendo non eris. Convenerat quidem ut tua priora essent: tu scriberes, ego rescriberem. Sed non ero difficilis: bene credi tibi scio. Itaque in anticessum dabo nec faciam quod Cicero, vir disertissimus, facere Atticum iubet, ut etiam 'si rem nullam habebit, quod in buccam venerit scribat'.

(2) Numquam potest deesse quod scribam, ut omnia illa quae Ciceronis implent epistulas transeam: quis candidatus laboret; quis alienis, quis suis viribus pugnet; quis consulatum fiducia Caesaris, quis Pompei, quis arcae petat; quam durus sit fenerator Caecilius, a quo minoris centesimis propinqui nummum movere non possint. Sua satius est mala quam aliena tractare, se excutere et videre quam multarum rerum candidatus sit, et non suffragari.

Buch 20 – Brief 118

Seneca grüßt seinen Lucilius,

(1) Du wünschst, öfter Briefe von mir [zu erhalten]. Lass uns eine Übersicht zusammenstellen: du dürftest nicht [alles] zurückgezahlt haben. Es war ja vereinbart, dass deine [Briefe] die vorangehenden sein sollten: du solltest schreiben, ich antworten. Aber ich werde nicht ärgerlich sein: ich weiß, dass es sicher ist, dir Kredit zu gewähren. Daher werde ich im Voraus zahlen und nicht das tun, was Cicero, der so ausdrucksstarke Mann, Atticus zu tun hieß, dass er nämlich, „selbst wenn er keinen Gesprächsstoff hat, schreiben sollte, was ihm in den Sinn kommt.“

(2) Nie kann es an dem fehlen, über das ich schreiben könnte, selbst wenn ich all jenes, das die Briefe Ciceros anfüllt, überginge: welcher Amtsbewerber sich in bedrängter Lage befand; wer mit fremden, wer mit eigenen Mitteln kämpfte; wer das Konsulat im Vertrauen auf Cäsar erstrebte, wer auf Pompeius, wer auf seine Geldkiste; wie hartherzig Caecilius war, der Geldverleiher, von dem [selbst] die Verwandten keinen Sesterz für weniger als ein Prozent herauskriegen konnten. Es ist besser, seine eigenen Laster zu erörtern als die der anderen, sich gründlich zu prüfen und zu erkennen, dass zahlreiche Geschäftsinteressen typisch für einen Bewerber sind, und sich überdies nicht selbst die Stimme zu geben.

(3) Hoc est, mi Lucili, egregium, hoc securum ac liberum, nihil petere et tota fortunae comitia transire. Quam putas esse iucundum tribubus vocatis, cum candidati in templis suis pendeant et alius nummos pronuntiet, alius per sequestrem agat, alius eorum manus osculis conterat quibus designatus contingendam manum negaturus est, omnes attoniti vocem praeconis expectent, stare otiosum et spectare illas nundinas nec ementem quicquam nec vendentem?

(4) Quanto hic maiore gaudio fruitur qui non praetoria aut consularia comitia securus intuetur, sed magna illa in quibus alii honores anniversarios petunt, alii perpetuas potestates, alii bellorum eventus prosperos triumphosque, alii divitias, alii matrimonia ac liberos, alii salutem suam suorumque! Quanti animi res est solum nihil petere, nulli supplicare, et dicere: 'Nihil mihi tecum, fortuna; non facio mei tibi copiam. Scio apud te Catones repelli, Vatinios fieri. Nihil rogo.' Hoc est privatam facere fortunam.

(5) Licet ergo haec in vicem scribere et hanc semper integram egerere materiam circumspicientibus tot milia hominum inquieta, qui ut aliquid pestiferi consequantur per mala nituntur in malum petuntque mox fugienda aut etiam fastidienda.

(3) Dies hier ist ehrenvoll, mein Lucilius, dies hier gefahrlos und befreiend: nichts anzustreben und all die vom Glück abhängigen Wahlversammlungen nicht wahrzunehmen. Stell dir vor, wie angenehm es ist – während sich die Kandidaten nach Einladung vom Wahlbezirk voller Ungewissheit in ihren abgegrenzten Feldern aufhalten, und der eine Geldstücke verspricht, der andere für eine Mittelsperson handelt, wieder ein anderer die Hand derer wund küsst, denen er nach seiner Ernennung abschlagen wird, ihm die Hand zu geben, [während] alle voller Spannung den Ausruf des Herolds erwarten – sorglos dazustehen und jenes Geschacher dort zu betrachten und dabei weder irgendetwas zu kaufen noch zu verkaufen?

(4) Wie viel mehr Freude empfindet einer, der nicht nur unbekümmert auf die Wahlen für das Amt des Prätors oder des Konsuls blickt, sondern auch auf jene umfangreichen [Wahlen], bei denen die einen jährliche Ehrenämter anstreben, die anderen lebenslange Stellungen, die einen den erfolgreichen Ausgang des Krieges und Triumphzüge, die anderen Reichtum, die einen Ehefrauen und Kinder, die anderen Gesundheit für sich und die Ihren! Welch großen Geistes Tat ist es, allein nichts zu erstreben, niemanden anzuflehen, und zu sagen: „Nichts habe ich mit dir zu schaffen, Schicksal; ich gewähre dir keine Macht über mich. Ich weiß, dass in deiner Gegenwart ein Cato abgewiesen, ein Vatinius erwählt wird. Um nichts bitte ich." Das heißt, sein Glück als Privatmann zu machen.

(5) Wir dürfen uns solches also gegenseitig schreiben und dieses immer frische Thema fortsetzen, da wir viele tausend ruhelose Menschen um uns herum erblicken, die sich, um etwas Verderbliches zu erlangen, durch Übles hindurch ins Übel stürzen und Dinge erstreben, denen man bald darauf entfliehen, oder die man doch wenigstens zurückweisen muss.

(6) Cui enim adsecuto satis fuit quod optanti nimium videbatur? Non est, ut existimant homines, avida felicitas sed pusilla; itaque neminem satiat. Tu ista credis excelsa quia longe ab illis iaces; ei vero qui ad illa peruenit humilia sunt. Mentior nisi adhuc quaerit escendere: istud quod tu summum putas gradus est.

(7) Omnes autem male habet ignorantia veri. Tamquam ad bona feruntur decepti rumoribus, deinde mala esse aut inania aut minora quam speraverint adepti ac multa passi vident; maiorque pars miratur ex interuallo fallentia, et vulgo bona pro magnis sunt.

(8) Hoc ne nobis quoque eveniat, quaeramus quid sit bonum. Varia eius interpretatio fuit, alius illud aliter expressit. Quidam ita finiunt: 'Bonum est quod inuitat animos, quod ad se vocat.' Huic statim opponitur: quid si invitat quidem sed in perniciem? Scis quam multa mala blanda sint. Verum et veri simile inter se differunt. Ita quod bonum est vero iungitur; non est enim bonum nisi verum est. At quod invitat ad se et adlicefacit veri simile est: subrepit, sollicitat, adtrahit.

(6) Wem nämlich war das Erreichte ausreichend? Das, als man es [noch] wünschte, jedes Maß zu überschreiten schien? Das Glück ist nicht unmäßig, wie es die Menschen erwarten, sondern unerheblich; daher befriedigt es niemanden. Du hältst diese Dinge für emporragend, weil du weit von ihnen daniederliegst; für den jedoch, der zu ihnen hingelangt ist, sind sie unbedeutend. Ich wäre ein Lügner, [wenn ich behaupten würde], dass er nicht immer noch darauf sinnt emporzusteigen: das, was du für das Höchste hältst, ist [nur] eine Stufe.

(7) Die Unkenntnis des Wahren bringt jedoch allen Schlechtes. Vom Gerede der Leute getäuscht, werden sie gleichsam zu solchen Gütern hingeleitet, hierauf begreifen sie, dass das, was sie erreicht und für das sie vieles erduldet haben, entweder nichtige Übel sind oder weniger [wert] ist, als sie sich erhofft hatten; die Mehrheit schaut bewundernd an, was aus der Entfernung täuscht, und der Masse gelten diese Güter als bedeutend.

(8) Damit dies nicht auch uns widerfährt, sollten wir zu ergründen suchen, was ein Gut ist. Es gab hierzu verschiedene Deutungen, der eine hat es so, der andere so ausgedrückt. Manche bestimmen es auf diese Weise: „Ein Gut ist das, was die Seelen zu Gast bittet, was sie zu sich ruft." Diesem wird sofort entgegnet: was, wenn es zwar einlädt – aber ins Verderben? Du weißt, dass viele Laster verlockend sind. Wahres und dem Wahren Ähnliches unterscheiden sich voneinander. So wird, was ein Gut ist, mit dem Wahren verbunden; denn es ist kein Gut, wenn es nicht wahr ist. Aber das, was zu sich einlädt und verlockt, ist dem Wahren [nur] ähnlich: es schleicht sich heran, es verführt, es zieht an sich.

(9) Quidam ita finierunt: 'Bonum est quod adpetitionem sui movet, vel quod impetum animi tendentis ad se movet.' Et huic idem opponitur; multa enim impetum animi movent quae petantur petentium malo. Melius illi qui ita finierunt: 'Bonum est quod ad se impetum animi secundum naturam movet et ita demum petendum est cum coepit esse expetendum.' Iam et honestum est; hoc enim est perfecte petendum.

(10) Locus ipse me admonet ut quid intersit inter bonum honestumque dicam. Aliquid inter se mixtum habent et inseparabile: nec potest bonum esse nisi cui aliquid honesti inest, et honestum utique bonum est. Quid ergo inter duo interest? Honestum est perfectum bonum, quo beata vita completur, cuius contactu alia quoque bona fiunt.

(11) Quod dico tale est: sunt quaedam neque bona neque mala, tamquam militia, legatio, iurisdictio. Haec cum honeste administrata sunt, bona esse incipiunt et ex dubio in bonum transeunt. Bonum societate honesti fit, honestum per se bonum est; bonum ex honesto fluit, honestum ex se est. Quod bonum est malum esse potuit; quod honestum est nisi bonum esse non potuit.

(9) Einige grenzen es auf diese Weise ab: „Ein Gut ist das, was ein Verlangen zu sich erweckt oder ein heftiges Verlangen der Seele erregt, die sich ihm entgegenstreckt." Auch diesem wird ebendasselbe entgegnet; vieles nämlich erregt ein heftiges Verlangen des Geistes, was zum Unheil des Begehrenden begehrt wird. Besser [machen es] jene, die es so bestimmen: „Ein Gut ist, was ein der Natur gemäßes heftiges Verlangen zu sich erweckt und dann erst anzustreben ist, wenn es angefangen hat, erstrebenswert zu sein." Dann ist es gewiss auch sittlich gut; dieses muss nämlich zur Vollkommenheit angestrebt werden.

(10) Die Sache selbst fordert mich auf zu benennen, worin der Unterschied zwischen gut und sittlich gut besteht. Sie weisen untereinander etwas Gemeinsames und Untrennbares auf: gut kann nur sein, dem etwas sittlich Gutes innewohnt, und sittlich Gutes ist in jedem Fall ein Gut. Welcher Unterschied besteht also zwischen den beiden? Das sittliche Gute ist das vollkommene Gut, durch das ein glückliches Leben vollendet wird, durch dessen Berührung auch andere Dinge zu Gütern werden.

(11) Was ich sage ist Folgendes: manches ist weder ein Gut noch ein Übel, wie der Militärdienst, das Legatenamt, die Zivilgerichtsbarkeit. Wenn diese sittlich gut verrichtet wurden, fangen sie an, Güter zu sein, und gehen aus der Unentschiedenheit über in ein Gut. Ein Gut wird aufgrund der Gemeinschaft mit dem sittlich Guten hervorgebracht, das sittlich Gute ist ein Gut an sich; ein Gut entsteht aus dem sittlich Guten, das sittlich Gute ist es von sich aus. Was ein Gut ist, hätte auch ein Übel sein können; was sittlich gut ist, kann nur ein Gut sein.

(12) Hanc quidam finitionem reddiderunt: 'Bonum est quod secundum naturam est'. Adtende quid dicam: quod bonum, est secundum naturam: non protinus quod secundum naturam est etiam bonum est. Multa naturae quidem consentiunt, sed tam pusilla sunt ut non conveniat illis boni nomen; levia enim sunt, contemnenda. Nullum est minimum contemnendum bonum; nam quamdiu exiguum est bonum non est: cum bonum esse coepit, non est exiguum. Unde adcognoscitur bonum? Si perfecte secundum naturam est.

(13) 'Fateris', inquis, 'quod bonum est secundum naturam esse; haec eius proprietas est. Fateris et alia secundum naturam quidem esse sed bona non esse. Quomodo ergo illud bonum est cum haec non sint? Quomodo ad aliam proprietatem pervenit cum utrique praecipuum illud commune sit, secundum naturam esse?'

(14) Ipsa scilicet magnitudine. Nec hoc novum est, quaedam crescendo mutari. Infans fuit; factus est pubes: alia eius proprietas fit; ille enim inrationalis est, hic rationalis. Quaedam incremento non tantum in maius exeunt sed in aliud.

(15) 'Non fit', inquit' aliud quod maius fit. Utrum lagonam an dolium impleas vino, nihil refert: in utroque proprietas vini est. Et exiguum mellis pondus et magnum saporenon differt.' Diversa ponis exempla; in istis enim eadem qualitas est; quamvis augeantur, manet.

(12) Einige haben nachstehende Definition vorgebracht: „Ein Gut ist, was gemäß der Natur ist." Gib acht, was ich sage: was ein Gut ist, ist gemäß der Natur; was gemäß der Natur ist, ist nicht zugleich auch ein Gut. Vieles stimmt zwar mit der Natur überein, aber es ist so geringfügig, dass dafür der Name Gut nicht passt; es ist nämlich unbedeutend und man muss es mit Gleichgültigkeit behandeln. Kein Gut darf als sehr unbedeutend mit Gleichgültigkeit behandelt werden, denn solange es unbedeutend ist, ist es kein Gut; sobald es anfängt ein Gut zu sein, ist es nicht unbedeutend. Woran erkennt man ein Gut? Wenn es vollumfänglich gemäß der Natur ist.

(13) „Du gestehst ein", erwiderst du mir, „dass das, was als Gut gilt, gemäß der Natur ist; dies ist seine besondere Eigenschaft. Du gestehst ein, dass zwar auch andere Dinge gemäß der Natur sind, sie jedoch keine Güter sind. Wie kann ersteres also ein Gut sein, wenn es letztere nicht sind? Wie kann es eine andere besondere Eigenschaft erreichen, obwohl beide den genannten Vorzug haben, dass sie gemäß der Natur sind?"

(14) Selbstverständlich gerade aufgrund seiner Größe. Es ist auch nicht ungewöhnlich, dass sich manches, während es wächst, verändert. Er war ein Kind; er ist erwachsen geworden: seine ihm eigene Art wird eine andere; jener ist nämlich unvernünftig, dieser vernünftig. Durch das Wachstum geht manches nicht nur zu Größerem, sondern auch zu etwas anderem über.

(15) „Was größer wird", heißt es, „wird nicht anders. Es kommt nicht darauf an, ob man eine Flasche oder ein Fass mit Wein befüllt: in beiden befindet sich das dem Wein Wesenseigene. Auch besteht zwischen einer kleinen und einer großen Menge Honig kein Unterschied im Geschmack." Du führst ganz entgegengesetzte Beispiele an; denn bei diesen liegt dieselbe Beschaffenheit vor; wie sehr sie auch vermehrt werden, [ihre Beschaffenheit] bleibt erhalten.

(16) Quaedam amplificata in suo genere et in sua proprietate perdurant; quaedam post multa incrementa ultima demum vertit adiectio et novam illis aliamque quam in qua fuerunt condicionem inprimit. Unus lapis facit fornicem, ille qui latera inclinata cuneavit et interventu suo vinxit. Summa adiectio quare plurimum facit vel exigua? Quia non auget sed implet.

(17) Quaedam processu priorem exuunt formam et in novam transeunt. Ubi aliquid animus diu protulit et magnitudinem eius sequendo lassatus est, infinitum coepit vocari; quod longe aliud factum est quam fuit cum magnum videretur sed finitum. Eodem modo aliquid difficulter secari cogitavimus: novissime crescente hac difficultate insecabile inventum est. Sic ab eo quod vix et aegre movebatur processimus ad inmobile. Eadem ratione aliquid secundum naturam fuit: hoc in aliam proprietatem magnitudo sua transtulit et bonum fecit. Vale.

———

(16) Manches, das vermehrt wurde, bleibt in seiner Beschaffenheit und der ihm eigenen Art erhalten; manches verwandelt, nach vielen Zuwächsen, erst die letzte Zunahme und sie prägt ihm einen neuen und anderen Zustand auf, als den, in dem er sich befand. Ein einziger Stein bringt den Gewölbebogen hervor: derjenige, der die sich zugeneigten Seiten verkeilt und sie durch seine Verwendung befestigt hat. Warum die letzte Zunahme, selbst eine unbedeutende, das meiste bewirkt? Weil sie nicht vermehrt, sondern vollendet.

(17) Manches entledigt sich beim erstem Wachstum seiner Gestalt und geht in eine neue über. Wenn der Geist etwas lange vorwärtsgetrieben hat und beim Streben nach dessen Größe ermattet ist, fängt er an, es als grenzenlos zu bezeichnen; es ist weit anderes geworden, als es vorher war, wo es groß, aber begrenzt erschien. Auf dieselbe Art und Weise haben wir uns überlegt, dass etwas schwierig zu zerteilen ist: mit zunehmender Schwierigkeit erschien es zuletzt als unteilbar. So sind wir von dem, was sich kaum und [nur] mit Mühe bewegen ließ, weiter zu den unbeweglichen Dingen gekommen. Mit derselben Begründung war etwas gemäß der Natur: seine Größe hat es zu einer anderen Wesensart übergehen lassen und zu einem Gut gemacht. Lebe wohl.

Liber XX – Epistula CXIX

Seneca Lucilio suo Salutem,

(1) Quotiens aliquid inveni, non expecto donec dicas 'in commune': ipse mihi dico. Quid sit quod invenerim quaeris? Sinum laxa, merum lucrum est. Docebo quomodo fieri dives celerrime possis. Quam valde cupis audire! Nec inmerito: ad maximas te divitias conpendiaria ducam. Opus erit tamen tibi creditore: ut negotiari possis, aes alienum facias oportet, sed nolo per intercessorem mutueris, nolo proxenetae nomen tuum iactent.

(2) Paratum tibi creditorem dabo Catonianum illum, a te mutuum sumes. Quantulumcumque est, satis erit si, quidquid deerit, id a nobis petierimus. Nihil enim, mi Lucili, interest utrum non desideres an habeas. Summa rei in utroque eadem est: non torqueberis. Nec illud praecipio, ut aliquid naturae neges – contumax est, non potest vinci, suum poscit – sed ut quidquid naturam excedit scias precarium esse, non necessarium.

Buch 20 – Brief 119

Seneca grüßt seinen Lucilius,

(1) Jedes Mal wenn ich etwas entdeckt habe, warte ich nicht solange bis du sagst „wir machen gemeinsame Sache": ich sage es zu mir selbst. Du fragst, was es ist, dass ich entdeckt habe? Öffne den Bausch deiner Toga, es gibt nichts als Gewinn. Ich werde dich lehren, wie du am schnellsten reich werden kannst. Wie sehr du es zu hören wünschst! Und zwar mit Recht: ich führe dich auf direktem Wege zu höchstem Reichtum. Trotzdem wirst du einen Darlehensgeber brauchen: um Geschäfte treiben zu können, ist es notwendig, Schulden zu machen, aber ich will nicht, dass du dir das Darlehen über einen Vermittler aufnimmst, ich will nicht, dass Makler deinen Namen zur Schau tragen.

(2) Ich werde dich auf jenen bereitwilligen Kreditgeber Catos verweisen: du wirst bei dir selbst ein Darlehen aufnehmen. Wie wenig es auch ist, es wird genug sein, wenn wir all das, was fehlen wird, von uns selbst verlangen. Denn es besteht kein Unterschied, mein Lucilius, ob du nicht begehrst oder ob du nicht besitzt. In beiden Fällen läuft es auf dasselbe heraus: du wirst nicht gequält werden. Auch schreibe ich dir nicht vor, dass du irgendetwas der Natur versagst – sie ist unbeugsam, man kann sie nicht erweichen, sie verlangt das Ihre –, sondern dass du weißt, dass alles, was über die Natur hinausgeht, unsicher [und] nicht notwendig ist.

(3) Esurio: edendum est. Utrum hic panis sit plebeius an siligineus ad naturam nihil pertinet: illa ventrem non delectari vult sed impleri. Sitio: utrum haec aqua sit quam ex lacu proximo excepero an ea quam multa nive clusero, ut rigore refrigeretur alieno, ad naturam nihil pertinet. Illa hoc unum iubet, sitim extingui; utrum sit aureum poculum an crustallinum an murreum an Tiburtinus calix an manus concava, nihil refert.

(4) Finem omnium rerum specta, et supervacua dimittes. Fames me appellat: ad proxima quaeque porrigatur manus; ipsa mihi commendabit quodcumque conprendero. Nihil contemnit esuriens.

(5) Quid sit ergo quod me delectaverit quaeris? Videtur mihi egregie dictum, 'sapiens divitiarum naturalium est quaesitor acerrimus'. 'Inani me', inquis, 'lance muneras. Quid est istud? Ego iam paraveram fiscos; circumspiciebam in quod me mare negotiaturus inmitterem, quod publicum agitarem, quas arcesserem merces.

Decipere est istud, docere paupertatem cum divitias promiseris.' Ita tu pauperem iudicas cui nihil deest? 'Suo', inquis, 'et patientiae suae beneficio, non fortunae.' Ideo ergo illum non iudicas divitem quia divitiae eius desinere non possunt?

(3) Ich bin hungrig: ich muss essen. Ob es minderwertiges Brot ist oder welches aus Weizenmehl, die Natur berührt es nicht: sie will nicht, dass der Magen erfreut, sondern gefüllt wird. Ich bin durstig: ob es Wasser ist, das ich aus dem nächsten Trog schöpfe, oder welches, das ich mit viel Schnee umgebe, damit es durch dessen Kälte abgekühlt wird, die Natur berührt es nicht. Sie verlangt nur das eine: dass der Durst gelöscht wird; ob es ein Becher aus Gold oder aus Kristall oder aus Flussspat oder ein tiburtinischer Becher oder die hohle Hand ist, tut nichts zur Sache.

(4) Betrachte das [eigentliche] Ziel aller Dinge und du wirst auf Überflüssiges verzichten. Hunger kündigt sich an: zum Nächstbesten sollte man die Hand ausstrecken; er wird mir von sich aus empfehlen, was auch immer ich in die Hand nehme. Wer Hunger leidet, weist nichts zurück.

(5) Was es also ist, das mich erfreut, fragst du? Vortrefflich scheint mir der Ausspruch: „Der Weise ist ein eifrigst nach natürlichem Reichtum Suchender." „Mit leerer Schale beschenkst du mich", sagst du. „Wozu ist das gut? Ich hatte schon die Kasse vorbereitet; habe überlegt, auf welches Meer ich mich hinausschicken lassen sollte, um Geschäfte zu treiben, welche Staatspacht ich eintreiben, welche Waren ich erwerben sollte.

Das heißt zu täuschen: Armut zu lehren, obgleich man Reichtum versprochen hat." Demnach hältst du einen für arm, dem es an nichts mangelt? „Mit Hilfe von sich selbst und seiner Genügsamkeit, nicht des Schicksals", so sagt man. Hältst du einen also deshalb nicht für reich, weil sein Reichtum nicht enden kann?

(6) Utrum mavis habere multum an satis? Qui multum habet plus cupit, quod est argumentum nondum illum satis habere; qui satis habet consecutus est quod numquam diviti contigit, finem. An has ideo non putas esse divitias quia propter illas nemo proscriptus est? Quia propter illas nulli venenum filius, nulli uxor inpegit? Quia in bello tutae sunt? Quia in pace otiosae? Quia nec habere illas periculosum est nec operosum disponere?

(7) 'At parum habet qui tantum non alget, non esurit, non sitit.' Plus Iuppiter non habet. Numquam parum est quod satis est, et numquam multum est quod satis non est. Post Dareum et Indos pauper est Alexander. Mentior? Quaerit quod suum faciat, scrutatur maria ignota, in oceanum classes novas mittit et ipsa, ut ita dicam, mundi claustra perrumpit. Quod naturae satis est homini non est.

(8) Inventus est qui concupisceret aliquid post omnia: tanta est caecitas mentium et tanta initiorum suorum unicuique, cum processit, oblivio. Ille modo ignobilis anguli non sine controversia dominus tacto fine terrarum per suum rediturus orbem tristis est.

(6) Willst du lieber viel oder ausreichend besitzen? Wer viel besitzt, verlangt nach mehr, weil es als Beweis dafür dient, dass er noch nicht genug besitzt; der ausreichend besitzt, hat sein Ziel erreicht, was einem Reichen niemals gelingt. Oder denkst du, dass es deswegen kein Reichtum ist, weil seinetwegen niemands Eigentum eingezogen wurde? Weil seinetwegen keinem der Sohn, keinem die Gattin einen giftigen Trank in die Hand gedrückt hat? Weil er im Kriege außer Gefahr ist? Weil er im Frieden unbeschäftigt ist? Weil es weder gefährlich ist, es zu besitzen, noch mühevoll, es zu verwalten?

(7) „Zu wenig besitzt aber doch, wer gerade eben nicht friert, nicht hungert, nicht dürstet." [Selbst] Jupiter besitzt nicht mehr. Niemals ist zu wenig, was genug ist, und niemals ist viel, was nicht genug ist. Nach Darius und den Indern ist Alexander arm. Ich irre mich? Vergeblich sucht er, was er unterwerfen könnte, durchforscht die unbekannten Meere, schickt neue Flotten auf das Weltenmeer, durchbricht sozusagen die Schranken der Welt. Was der Natur genug ist, reicht dem Menschen nicht aus.

(8) Man ist auf jemanden gestoßen, der ein Verlangen nach allen Dingen in sich trug: so groß ist die Verblendung des Geistes und bei jedem Einzelnen so vollständig das Vergessen seiner Anfänge, wenn er es weit gebracht hat. Jener, eben erst, nicht ohne Streit, der Herr eines unbekannten, abgelegenen Winkels, ist er nach Erreichen des Endes der Welt bekümmert, weil er durch das eigene Reich hindurch zurückkehren soll.

(9) Neminem pecunia diuitem fecit, immo contra nulli non maiorem sui cupidinem incussit. Quaeris quae sit huius rei causa? Plus incipit habere posse qui plus habet. Ad summam quem voles mihi ex his quorum nomina cum Crasso Licinoque numerantur in medium licet protrahas; adferat censum et quidquid habet et quidquid sperat simul conputet: iste, si mihi credis, pauper est, si tibi, potest esse.

(10) At hic qui se ad quod exigit natura composuit non tantum extra sensum est paupertatis sed extra metum. Sed ut scias quam difficile sit res suas ad naturalem modum coartare, hic ipse quem circumcidimus, quem tu vocas pauperem, habet aliquid et supervacui.

(11) At excaecant populum et in se convertunt opes, si numerati multum ex aliqua domo effertur, si multum auri tecto quoque eius inlinitur, si familia aut corporibus electa aut spectabilis cultu est. Omnium istorum felicitas in publicum spectat: ille quem nos et populo et fortunae subduximus beatus introsum est.

(9) Geld hat niemanden reich gemacht, ja, im Gegenteil, es hat bei jedem eine größere Habgier nach Eigentum erregt. Du fragst, was die Ursache dafür ist? Es nimmt darin seinen Anfang, dass derjenige in der Lage ist, mehr zu besitzen, der [bereits] mehr besitzt. Überhaupt, es steht dir frei, mir wen du willst von denen herauszusuchen, deren Namen mit Crassus und Licinus [gleichauf] angeführt werden; er soll sein Vermögen offenbaren und alles, was er besitzt, und alles, worauf er hofft, zusammenrechnen: er ist arm, wenn du meinem Worte glaubst, er kann [arm] sein, wenn du dem deinen glaubst.

(10) Derjenige aber, der sich gemäß dem eingerichtet hat, was die Natur verlangt, ist nicht nur über das Gefühl der Angst hinaus, sondern auch jenseits der Furcht vor ihr. Damit du aber weißt, wie schwierig es ist, seinen Besitz auf das natürliche Maß zu beschränken: selbst derjenige, den wir zurechtgestutzt haben, [und] den du arm nennst, besitzt noch etwas an Überflüssigem.

(11) Doch der Reichtum blendet das Volk und lenkt die Blicke auf sich, wenn viel Bargeld aus dem Haus gebracht wird, wenn viel Gold auch auf dessen Dach aufgetragen wird, wenn die Dienerschaft entweder aufgrund des Körpers ausgewählt wurde oder ansehnlich ist aufgrund ihrer Kleidung. Das Glück all dieser ist auf die Öffentlichkeit gerichtet: derjenige, den wir sowohl dem Volk als auch dem Schicksal entrissen haben, ist im Innersten glücklich.

(12) Nam quod ad illos pertinet apud quos falso divitiarum nomen invasit occupata paupertas, sic divitias habent quomodo habere dicimur febrem, cum illa nos habeat. E contrario dicere solemus: 'Febris illum tenet', eodem modo dicendum est: 'Divitiae illum tenent'.

Nihil ergo monuisse te malim quam hoc, quod nemo monetur satis, ut omnia naturalibus desideriis metiaris, quibus aut gratis satis fiat aut parvo: tantum miscere uitia desideriis noli.

(13) Quaeris quali mensa, quali argento, quam paribus ministeriis et levibus adferatur cibus? Nihil praeter cibum natura desiderat.

Num, tibi cum fauces urit sitis, aurea quaeris
pocula? Num esuriens fastidis omnia praeter
pavonem rhombumque?

(14) Ambitiosa non est fames, contenta desinere est; quo desinat non nimis curat. Infelicis luxuriae ista tormenta sunt: quaerit quemadmodum post saturitatem quoque esuriat, quemadmodum non impleat ventrem sed farciat, quemadmodum sitim prima potione sedatam revocet. Egregie itaque Horatius negat ad sitim pertinere quo poculo (aquae) aut quam eleganti manu ministretur. Nam si pertinere ad te iudicas quam crinitus puer et quam perlucidum tibi poculum porrigat, non sitis.

(12) Denn was jene betrifft, bei denen die in Anspruch genommene Armut trügerisch den Namen des Reichtums an sich reißt, so besitzen sie den Reichtum [auf eine Art], wie wir sagen, dass wir Fieber haben, obgleich es [tatsächlich] uns beherrscht. Sind wir dagegen gewohnt zu sagen: „Das Fieber hat ihn in seiner Gewalt", muss [auch] auf dieselbe Weise gesagt werden: „Der Reichtum hat ihn in seiner Gewalt."

Auf nichts lieber wollte ich dich daher aufmerksam machen als auf das, worauf niemand genug aufmerksam gemacht werden kann: dass man alles nach den natürlichen Bedürfnissen bemessen sollte, denen entweder umsonst oder für sehr wenig Genüge getan wird: nur mische keine Laster unter die Bedürfnisse.

(13) Du fragst, auf welchem Tisch, auf welchem Silbergeschirr und auf welche Weise von den sich gleichenden jungen Sklaven die Speisen herbeigeschafft werden sollten? Die Natur verlangt nach nichts als Nahrung.

Fragst du denn, wenn dir vor Durst die Kehle brennt,
nach goldenen Bechern?
Verschmähst du denn, wenn du hungerst,
alles außer Pfau und Steinbutt?

(14) Hunger ist nicht eitel, er ist zufrieden damit, ein Ende zu finden: wodurch er endet, kümmert ihn nicht allzu sehr. Dies sind die Qualen der unglückseligen Genusssucht: sie sinnt darauf, wie sie auch nach der Sättigung hungern kann, wie sie den Magen nicht füllt, sondern mästet, wie sie den Durst, vom ersten Trunk gestillt, wieder hervorruft. Ausgezeichnet sagt daher Horaz, dass es den Durst nicht berührt, in welchem Becher oder mit wie eleganter Hand das Wasser gereicht wird. Denn wenn du meinst, dass es Einfluss auf dich hat, wie langhaarig der Junge und wie durchsichtig der Becher ist, den er dir reicht, bist du nicht durstig.

(15) Inter reliqua hoc nobis praestitit natura praecipuum, quod necessitati fastidium excussit. Recipiunt supervacua dilectum: 'Hoc parum decens, illud parum lautum, oculos hoc meos laedit.' Id actum est ab illo mundi conditore, qui nobis vivendi iura discripsit, ut salvi essemus, non ut delicati: ad salutem omnia parata sunt et in promptu, delicis omnia misere ac sollicite comparantur.

(16) Utamur ergo hoc naturae beneficio inter magna numerando et cogitemus nullo nomine melius illam meruisse de nobis quam quia quidquid ex necessitate desideratur sine fastidio sumitur. Vale.

———

(15) Neben anderen Dingen hat uns die Natur vor allem diesen Vorzug erwiesen, dass sie der Notwendigkeit den Überdruss entreißen konnte. Überflüssiges lässt eine Auswahl zu: „Dieses ist nicht schön genug, jenes nicht fein genug, dieses beleidigt meine Augen." Das ist vom Schöpfer der Welt, der uns die Gesetze des Lebens vorgeschrieben hat, beabsichtigt gewesen, damit wir wohlbehalten, nicht damit wir üppig leben können: zum Wohlergehen ist alles gut vorbereitet und zur Hand, für die Lustbarkeiten wird alles elend und in Sorge herbeigeschafft.

(16) Dieser Wohltat der Natur, die zu den bedeutenden zu zählen ist, sollten wir uns deshalb bedienen und bedenken, dass sie sich in keiner Hinsicht mehr um uns verdient gemacht hat als dadurch, dass alles, was aus Notwendigkeit verlangt wird, man ohne Widerwillen zu sich nimmt. Lebe wohl.

Liber XX – Epistula CXX

Seneca Lucilio suo Salutem,

(1) Epistula tua per plures quaestiunculas vagata est sed in una constitit et hanc expediri desiderat, quomodo ad nos boni honestique notitia pervenerit. Haec duo apud alios diversa sunt, apud nos tantum divisa.

(2) Quid sit hoc dicam. Bonum putant esse aliqui id quod utile est. Itaque hoc et divitiis et equo et vino et calceo nomen inponunt; tanta fit apud illos boni vilitas et adeo in sordida usque descendit. Honestum putant cui ratio recti officii constat, tamquam pie curatam patris senectutem, adiutam amici paupertatem, fortem expeditionem, prudentem moderatamque sententiam.

(3) <Nos> ista duo quidem facimus, sed ex uno. Nihil est bonum nisi quod honestum est; quod honestum, est utique bonum. Supervacuum iudico adicere quid inter ista discriminis sit, cum saepe dixerim. Hoc unum dicam, nihil nobis videri <bonum> quo quis et male uti potest; vides autem divitiis, nobilitate, viribus quam multi male utantur.

Nunc ergo ad id revertor de quo desideras dici, quomodo ad nos prima boni honestique notitia pervenerit.

Buch 20 – Brief 120

Seneca grüßt seinen Lucilius,

(1) Dein Brief hat viele kleine Fragen aufgeworfen, ist aber bei einer stehen geblieben und wünscht, dass Folgendes erörtert wird: auf welche Weise gelangt das Wissen über ein Gut und über das sittlich Gute zu uns? Diese zwei Dinge sind bei den anderen ganz unterschiedlich, bei uns nur getrennt.

(2) Ich werde dir sagen, was das bedeutet. Einige sind der Meinung, dass ein Gut ist, was nützlich ist. Daher legen sie sowohl dem Reichtum als auch dem Pferd und dem Wein und dem Schuh diesen Namen bei; eine solch große Geringschätzung des Gutes erwächst in ihrer Nähe und so weit lässt es sich gar ins Gemeine herab. Als sittlich Gutes sehen sie an, was auf dem Prinzip des natürlichen Pflichtgefühls beruht, wie die treusorgende Pflege des Vaters im Alter, die Unterstützung des Freundes bei Armut, eine mutige Unternehmung, eine kluge und besonnene Meinung.

(3) Wir legen zwar Wert auf beide, [sehen sie] aber aus einem Einzigen hervorgehend. Ein Gut ist nur das, was sittlich gut ist; was sittlich gut ist, ist in jedem Fall ein Gut. Ich halte es für überflüssig hinzuzufügen, welcher Unterschied zwischen ihnen besteht, da ich es [bereits] oft vorgebracht habe. Ich sage nur das eine: dass uns nichts als ein Gut erscheint, was irgendeiner auch in übler Absicht gebrauchen kann; du siehst aber, wie viele ihren Reichtum, ihren Ruhm, [und] ihre Macht im Schlechten verwenden.

Ich werde also zu dem zurückkehren, worüber auf deinen Wunsch hin gesprochen werden sollte: wie ein erstes Wissen über das Gute und das sittlich Gute zu uns gelangt ist.

(4) Hoc nos natura docere non potuit: semina nobis scientiae dedit, scientiam non dedit. Quidam aiunt nos in notitiam incidisse, quod est incredibile, virtutis alicui speciem casu occucurrisse. Nobis videtur observatio collegisse et rerum saepe factarum inter se conlatio; per analogian nostri intellectum et honestum et bonum iudicant. Hoc verbum cum Latini grammatici civitate donaverint, ego damnandum non puto, <immo> in civitatem suam redigendum. Utar ergo illo non tantum tamquam recepto sed tamquam usitato. Quae sit haec analogia dicam.

(5) Noveramus corporis sanitatem: ex hac cogitavimus esse aliquam et animi. Noveramus vires corporis: ex his collegimus esse et animi robur. Aliqua benigna facta, aliqua humana, aliqua fortia nos obstupefecerant: haec coepimus tamquam perfecta mirari. Suberant illis multa vitia quae species conspicui alicuius facti fulgorque celabat: haec dissimulavimus. Natura iubet augere laudanda, nemo non gloriam ultra verum tulit: ex his ergo speciem ingentis boni traximus.

(4) Die Natur hat uns dies nicht lehren können: sie überließ uns den Samen der Erkenntnis, das Wissen [selbst] überreichte sie uns nicht. Einige behaupten, dass wir zufällig auf Wissen gestoßen sind, wenn es auch kaum zu glauben ist, dass uns die Vorstellung einer sittlichen Vollkommenheit zufällig vor Augen getreten ist. Uns erscheint es, dass sie wechselseitig aus Beobachtung und Vergleich häufiger auftretender Ereignisse erlangt worden ist; mittels einer Analogie erklären die Unsrigen sowohl die Idee der sittlichen Vollkommenheit als auch die eines Gutes. Da die lateinischen Grammatiker diesem Wort das Bürgerrecht verliehen haben, darf man es nicht verdammen, meine ich, sondern muss es vielmehr im eigenen Bürgerrecht für mustergültig erklären. Ich werde es also nicht so sehr wie ein in Besitz genommenes, sondern wie ein gebräuchliches verwenden. Worin diese Analogie besteht, werde ich [dir] erklären.

(5) Wir kannten körperliche Gesundheit: deswegen haben wir erwogen, dass auch eine des Geistes existiert. Wir kannten körperliche Stärke: daraus zogen wir den Schluss, dass auch eine geistige Kraft existiert. Einige gütige, einige edle, einige heldenhaften Taten haben uns in Erstaunen versetzt: diese begannen wir gleichwie Vollkommenes zu bewundern. Viele Verfehlungen lagen ihnen zugrunde, die der Schein und der Glanz manch hervorragender Tat verbarg: wir haben sie übersehen. Die Natur legt uns auf, das Lobenswerte zu preisen; jeder verbreitet den Ruhm über das Tatsächliche hinaus: daraus also haben wir die Vorstellung eines außerordentlichen Guts abgeleitet.

(6) Fabricius Pyrrhi regis aurum reppulit maiusque regno iudicavit regias opes posse contemnere. Idem medico Pyrrhi promittente venenum se regi daturum monuit Pyrrhum caveret insidias. Eiusdem animi fuit auro non vinci, veneno non vincere. Admirati sumus ingentem virum quem non regis, non contra regem promissa flexissent, boni exempli tenacem, quod difficillimum est, in bello innocentem, qui aliquod esse crederet etiam in hostes nefas, qui in summa paupertate quam sibi decus fecerat non aliter refugit divitias quam venenum. 'Vive', inquit, 'beneficio meo, Pyrrhe, et gaude quod adhuc dolebas, Fabricium non posse corrumpi.'

(7) Horatius Cocles solus implevit pontis angustias adimique a tergo sibi reditum, dummodo iter hosti auferretur, iussit et tam diu prementibus restitit donec revulsa ingenti ruina tigna sonuerunt. Postquam respexit et extra periculum esse patriam periculo suo sensit, 'veniat, si quis vult', inquit, 'sic euntem sequi' iecitque se in praeceps et non minus sollicitus in illo rapido alveo fluminis ut armatus quam ut salvus exiret, retento armorum victricium decore tam tutus redit quam si ponte venisset.

(6) Fabricius verschmähte das Gold des Königs Pyrrhos und für größer als eine Königsherrschaft hielt er es, königliche Schätze zurückweisen zu können. Eben dieser riet Pyrrhos, als dessen Arzt ankündigte, dass er den König [Pyrrhos] vergiften werde, sich vor einem Anschlag zu hüten. Es war ein Zeichen derselben Geisteshaltung, vom Gold nicht überwältigt zu werden, mithilfe eines Gifttranks nicht zu siegen. Wir haben einen großen Mann bewundert, den weder die Versprechungen des Königs noch die gegen den König umgestimmt hatten, der – am guten Beispiel festhaltend, [und] im Krieg, was schwer ist, rechtschaffen – überzeugt war, dass manches auch gegen Feinde nicht erlaubt sei, der in größter Armut, die er sich zur Zierde gemacht hatte, den Reichtum nicht anders als das Gift scheute. „Lebe aufgrund meiner Wohltat, Pyrrhos", sagte er „und freue dich über das, was du bisher bedauert hast, dass Fabricius nicht bestochen werden kann."

(7) Horatius Cocles hat allein den Engpass der Brücke besetzt und befohlen, dass ihm von hinten die Rückkehr verwehrt wird, wenn [so] nur der Weg des Feindes abgeschnitten werden könne, und er widersetzte sich so lange denjenigen, die ihn bedrängten, bis in einem gewaltigen Sturze die abgebrochenen Balken erdröhnten. Danach blickte er sich um und wurde sich bewusst, dass das Vaterland durch sein Wagnis außer Gefahr war. „Wenn mir einer auf diesem Weg folgen will, mag er kommen", sagte er und warf sich in die Tiefe, und aus jenem reißenden Flussbett, nicht weniger besorgt, dass er in voller Rüstung als unversehrt herauskommt, kehrte er so sicher im bewahrten Glanz der siegreichen Waffen zurück, als wenn er über die Brücke gegangen wäre.

(8) Haec et eiusmodi facta imaginem nobis ostendere virtutis. Adiciam quod mirum fortasse videatur: mala interdum speciem honesti obtulere et optimum ex contrario enituit. Sunt enim, ut scis, virtutibus vitia confinia, et perditis quoque ac turpibus recti similitudo est: sic mentitur prodigus liberalem, cum plurimum intersit utrum quis dare sciat an servare nesciat. Multi, inquam, sunt, Lucili, qui non donant sed proiciunt: non voco ego liberalem pecuniae suae iratum. Imitatur neglegentia facilitatem, temeritas fortitudinem.

(9) Haec nos similitudo coegit adtendere et distinguere specie quidem vicina, re autem plurimum inter se dissidentia. Dum observamus eos quos insignes egregium opus fecerat, coepimus adnotare quis rem aliquam generoso animo fecisset et magno impetu, sed semel. Hunc vidimus in bello fortem, in foro timidum, animose paupertatem ferentem, humiliter infamiam: factum laudavimus, contempsimus virum.

(10) Alium vidimus adversus amicos benignum, adversus inimicos temperatum, et publica et privata sancte ac religiose administrantem; non deesse ei in iis quae toleranda erant patientiam, in iis quae agenda prudentiam. Vidimus ubi tribuendum esset plena manu dantem, ubi laborandum, pertinacem et obnixum et lassitudinem corporis animo sublevantem. Praeterea idem erat semper et in omni actu par sibi, iam non consilio bonus, sed more eo perductus ut non tantum recte facere posset, sed nisi recte facere non posset.

(8) Diese und ähnliche Taten haben uns eine Vorstellung der Tugendhaftigkeit vermittelt. Ich will hinzufügen, was vielleicht verwunderlich erscheint: Schlechtes zeigt sich bisweilen in der Gestalt der Tugend und aus dem Verderblichsten strahlt das Beste hervor. Es gibt nämlich, wie du weißt, den Tugenden nahestehende Verfehlungen und das Sittliche besitzt auch eine Ähnlichkeit mit dem Nichtsnutzigen und dem Schändlichen: so täuscht der Verschwender einen Freigebigen vor, obwohl es ein großer Unterschied ist, ob einer zu geben weiß oder nicht zu sparen versteht. Es gibt viele, behaupte ich, Lucilius, die nicht schenken, sondern wegwerfen. Einen, der seinem Vermögen zürnt, nenne ich nicht freigebig. Gleichgültigkeit ist der Umgänglichkeit ähnlich, Verwegenheit der Tapferkeit.

(9) Diese Ähnlichkeit zwingt uns aufzupassen und zu unterscheiden, was sich der äußeren Erscheinung nach zwar nahe kommt, in der Sache jedoch einander ganz uneins ist. Während wir diejenigen beobachteten, die ein vortreffliches Werk berühmt gemacht hatte, fingen wir an zu bemerken, wer eine Tat aus edler Gesinnung und mit großer Leidenschaft, aber einmal nur, zuwege gebracht hat. Solche sahen wir tapfer im Kriege, furchtsam auf dem Forum, die Armut mit Selbstvertrauen, die üble Nachrede kleinmütig ertragend: wir lobten die Taten, wir verachteten den Mann.

(10) Einen anderen sahen wir gütig gegenüber den Freunden, maßvoll gegenüber den Feinden, der Öffentliches und Privates gewissenhaft und gottesfürchtig verrichtete; [sahen], dass ihm in dem, was zu ertragen war, nicht die Geduld, für das, was getan werden musste, nicht die Einsicht fehlte. Wir sahen ihn mit vollen Händen Geschenke machend, wenn gegeben werden musste, beharrlich und eifrig und die Erschöpfung des Körpers mit der Kraft des Willens unterstützend, wenn man arbeiten musste. Außerdem blieb er stets derselbe und in allem Tun sich selbst treu, nun nicht mehr aufgrund eines Entschlusses rechtschaffen, sondern durch Gewohnheit dahin gebracht, dass er nicht nur in der Lage war, tugendhaft zu handeln, sondern dass er nicht anders als tugendhaft handeln konnte.

(11) Intelleximus in illo perfectam esse virtutem. Hanc in partes divisimus: oportebat cupiditates refrenari, metus conprimi, facienda provideri, reddenda distribui: conprehendimus temperantiam, fortitudinem, prudentiam, iustitiam et suum cuique dedimus officium. Ex quo ergo virtutem intelleximus? Ostendit illam nobis ordo eius et decor et constantia et omnium inter se actionum concordia et magnitudo super omnia efferens sese. Hinc intellecta est illa beata vita secundo defluens cursu, arbitrii sui tota.

(12) Quomodo ergo hoc ipsum nobis apparuit? Dicam. Numquam vir ille perfectus adeptusque virtutem fortunae male dixit, numquam accidentia tristis excepit, civem esse se universi et militem credens labores velut imperatos subiit. Quidquid inciderat non tamquam malum aspernatus est et in se casu delatum, sed quasi delegatum sibi. 'Hoc qualecumque est', inquit, 'meum est; asperum est, durum est, in hoc ipso navemus operam.'

(13) Necessario itaque magnus apparuit qui numquam malis ingemuit, numquam de fato suo questus est; fecit multis intellectum sui et non aliter quam in tenebris lumen effulsit advertitque in se omnium animos, cum esset placidus et lenis, humanis divinisque rebus pariter aequus.

(11) Wir haben erkannt, dass jener eine vollendete Tugend besitzt. Diese zerlegten wir in [Einzel-]Teile: die Leidenschaften sollten gezügelt, die Angst unterdrückt, was zu tun ist, vorausgesehen, was darzubringen ist, zugeteilt werden. Wir haben die Selbstbeherrschung, die Tapferkeit, die Klugheit, die Gerechtigkeit in Worte gefasst und jedem eine bestimmte Verpflichtung auferlegt. Woran haben wir also die Tugend erkannt? Ihre Ordnung, [und] ihre Anmut, [und] ihre Beständigkeit, [und] die Harmonie all ihrer Handlungen untereinander und ihre sich über alles erhebende Größe hat uns sie offenbart. Hierauf hat man das Wesen jenes glücklichen Lebens verstanden, das, ganz im freien Ermessen, auf günstiger Bahn verläuft.

(12) Auf welche Weise also ist uns gerade dieses offenkundig geworden? Ich werde es dir sagen. Niemals hat jener vollkommene Mann, der die sittliche Vollkommenheit erreicht hat, schlecht über sein Schicksal gesprochen, niemals unglückliche Ereignisse verdrießlich aufgenommen, und weil er sich für einen Bürger und Soldaten der ganzen Welt hielt, hat er Anstrengungen gleich wie befohlen auf sich genommen. All das, was über ihn hereinstürzte, hat er nicht gleichsam als Übel und zufällig an ihn Herangetragenes abgewiesen, sondern sich gewissermaßen als Auftrag auferlegt. „Wie auch immer es beschaffen ist", sagte er, „es ist das Meine; es ist mühsam, es ist hart, gerade deshalb sollten wir uns anstrengen."

(13) Groß erschien notwendigerweise einer, der bei Unglücken niemals aufstöhnte, der über sein Schicksal sich niemals beschwerte; vielen verschaffte er Einsicht in das Seine und er leuchtete auf nicht anders als ein Licht in der Dunkelheit und lenkte die Aufmerksamkeit aller auf sich, da er friedlich und sanftmütig war, in gleicher Weise gleichmütig gegenüber menschlichen und göttlichen Dingen.

(14) Habebat perfectum animum et ad summam sui adductum, supra quam nihil est nisi mens dei, ex quo pars et in hoc pectus mortale defluxit; quod numquam magis divinum est quam ubi mortalitatem suam cogitat et scit in hoc natum hominem, ut vita defungeretur, nec domum esse hoc corpus sed hospitium, et quidem breve hospitium, quod relinquendum est ubi te gravem esse hospiti videas.

(15) Maximum, inquam, mi Lucili, argumentum est animi ab altiore sede venientis, si haec in quibus versatur humilia iudicat et angusta, si exire non metuit; scit enim quo exiturus sit qui unde venerit meminit. Non videmus quam multa nos incommoda exagitent, quam male nobis conveniat hoc corpus?

(16) Nunc de capite, nunc de ventre, nunc de pectore ac faucibus querimur; alias nervi nos, alias pedes vexant, nunc deiectio, nunc destillatio; aliquando superest sanguis, aliquando deest: hinc atque illinc temptamur et expellimur. Hoc evenire solet in alieno habitantibus.

(17) At nos corpus tam putre sortiti nihilominus aeterna proponimus et in quantum potest aetas humana protendi, tantum spe occupamus, nulla contenti pecunia, nulla potentia. Quid hac re fieri inpudentius, quid stultius potest? Nihil satis est morituris, immo morientibus; cotidie enim propius ab ultimo stamus, et illo unde nobis cadendum est hora nos omnis inpellit.

(14) Er besaß eine vollkommene und zu ihrer höchsten Vollendung ge-
führte Seele, über die hinaus nichts existiert außer dem göttlichen Geist,
aus dem sich ein Teil auch in dieses sterbliche Herz ergossen hat, das niemals göttlicher ist, als wenn es seine Sterblichkeit bedenkt und versteht,
dass der Mensch geboren wurde, um zu sterben, nicht damit dieser Körper ein Zuhause sei, sondern eine Herberge, und zwar eine vorübergehen-
de Herberge, die hinter sich gelassen werden muss, sobald man erkennt,
dass man dem Gastwirt lästig ist.

(15) Der beste Beweis, mein Lucilius, für einen aus erhabenerer Stätte
stammenden Geist ist es, wenn er das, worin er sich befindet, für ärmlich
und beengt hält, wenn er nicht fürchtet, es zu verlassen; wer nämlich ge-
denkt, woher er gekommen ist, der weiß, wohin er gehen wird. Sehen wir
nicht, wie viele Widrigkeiten uns plagen, wie schlecht dieser Körper zu
uns passt?

(16) Bald beklagen wir uns über den Kopf, bald über den Magen, bald
über das Herz und den Rachen; das eine Mal quälen uns die Nerven, das
andere Mal die Füße, bald Durchfall, bald Schnupfen; manchmal ist Blut
im Überfluss vorhanden, manchmal mangelt es daran: hier und dort werden wir bedroht und vertrieben. Solches passiert gewöhnlich denen, die
fremdes Eigentum bewohnen.

(17) Doch obwohl wir einen so welken Körper bekommen haben, stellen
wir uns nichtsdestoweniger die Ewigkeit vor Augen, und so weit die
menschliche Lebenszeit sich erstrecken kann, so lange ergreift uns Hoffnung, mit keinem Vermögen, mit keinem Ansehen zufrieden. Was kann
unverschämter, was kann törichter sein als so etwas? Nichts genügt dem
zu Tode Bestimmten, ja sogar nichts dem Sterbenden; denn Tag für Tag
stehen wir näher vor dem letzten, und jede Stunde treibt uns dorthin, wo
wir enden müssen.

(18) Vide in quanta caecitate mens nostra sit: hoc quod futurum dico cum maxime fit, et pars eius magna iam facta est; nam quod viximus tempus eo loco est quo erat antequam viximus. Erramus autem qui ultimum timemus diem, cum tantumdem in mortem singuli conferant. Non ille gradus lassitudinem facit in quo deficimus, sed ille profitetur; ad mortem dies extremus pervenit, accedit omnis; carpit nos illa, non corripit. Ideo magnus animus conscius sibi melioris naturae dat quidem operam ut in hac statione qua positus est honeste se atque industrie gerat, ceterum nihil horum quae circa sunt suum iudicat, sed ut commodatis utitur, peregrinus et properans.

(19) Cum aliquem huius videremus constantiae, quidni subiret nos species non usitatae indolis? Utique si hanc, ut dixi, magnitudinem veram esse ostendebat aequalitas. Vero tenor permanet, falsa non durant. Quidam alternis Vatinii, alternis Catones sunt; et modo parum illis severus est Curius, parum pauper Fabricius, parum frugi et contentus vilibus Tubero, modo Licinum divitis, Apicium cenis, Maecenatem delicis provocant.

(18) Sieh in welch großer Verblendung sich unser Geist befindet: das, was ich bevorstehend nenne, geschieht eben jetzt, und ein Großteil dessen ist bereits gewährt worden; denn die Zeit, die wir gelebt haben, ist an eben dem Ort, wo sie war, bevor wir sie gelebt haben. Wir, die wir den letzten Tag fürchten, irren aber, da jeder einzelne gleich viel zum Tod beiträgt. Jener [letzte] Schritt, bei dem wir erlahmen, bringt die Erschöpfung nicht hervor, sondern er macht sie offenkundig; der letzte Tag fällt dem Tod zu, ein jeder nähert sich ihm. Er entkräftet uns allmählich, er übermannt uns nicht. Sich seiner edleren Natur bewusst, bemüht sich ein bedeutender Geist daher zwar, sich auf dem Posten, auf den er gestellt wurde, würdig und eifrig zu zeigen, im Übrigen nichts von dem, was sich um ihn herum befindet, für das Seine zu halten, sondern es wie Geliehenes zu gebrauchen – ein Fremder, der sich eilt.

(19) Wenn wir einen von solcher Charakterfestigkeit erkennen können, warum überkommen uns [dann] nicht die Ideale dieses ungewöhnlichen Charakters? Zumal wenn [dessen] Beständigkeit, wie ich sagte, zeigt, dass diese Größe begründet ist. Dem Wahren verbleibt seine Eigenart, Falsches hat keinen Bestand. Etliche sind mal ein Vatinius, mal ein Cato; und bald ist ihnen ein Curius nicht streng genug, ein Fabricius nicht arm genug, ein Tubero nicht sparsam und mit Geringem nicht zufrieden genug, bald provozieren sie einen Licinius mit ihren Kostbarkeiten, einen Apicius mit ihren Tischgesellschaften, einen Maecenas mit ihren Vergnügungen.

(20) Maximum indicium est malae mentis fluctuatio et inter simulationem
virtutum amoremque vitiorum adsidua iactatio.

Habebat saepe ducentos,
saepe decem seruos; modo reges atque tetrarchas,
omnia magna loquens, modo 'sit mihi mensa tripes et
concha salis puri, toga quae defendere frigus
quamvis crassa queat'. Decies centena dedisses
huic parco, paucis contento: quinque diebus nil erat.

(21) Homines multi tales sunt qualem hunc describit Horatius Flaccus,
numquam eundem, ne similem quidem sibi; adeo in diversum aberrat.
Multos dixi? Prope est ut omnes sint. Nemo non cotidie et consilium mutat
et votum: modo uxorem vult habere, modo amicam, modo regnare vult,
modo id agit ne quis sit officiosior servus, modo dilatat se usque ad
invidiam, modo subsidit et contrahitur infra humilitatem vere iacentium,
nunc pecuniam spargit, nunc rapit.

(20) Das deutlichste Zeichen eines untauglichen Charakters ist die Unent-
schlossenheit und das ständiges Schwanken zwischen der Vortäuschung
von Tugenden und dem Verlangen nach Lastern.

Oft besaß er zweihundert,
oft [nur] 10 Sklaven; bald mit Königen und Fürsten,
mit allen großen Männern im Gespräche, bald [sagend]:
‚Einen dreifüßigen Tisch bräuchte ich nur
und eine Schale einfachen Salzes,
eine Toga, wie grob auch immer, welche die Kälte abwehren kann.‘
Würdest du ihm eine Million [Sesterzen] geben,
diesem Sparsamen, dem wenig genügt:
nach fünf Tagen wäre ihm nichts [verblieben].

(21) Viele Menschen sind so wie dieser hier, den Horatius Flaccus be-
schreibt: [sich] niemals derselbe, sich nicht einmal ähnlich – so sehr irrt er
ins Entgegengesetzte ab. Ich sage viele? Es fehlt wenig, dass es alle sind.
Jeder ändert täglich Wunsch und Absicht: bald will er eine Ehefrau haben,
bald eine Freundin, bald will er herrschen, bald ist er bestrebt, gefälliger
als irgendein Sklave zu sein, bald breitet er sich bis zum Verhasstsein aus,
bald kauert er sich nieder und beschränkt sich auf den niederen Rang derer, die tatsächlich darnieder liegen; in einem Augenblick verschleudert er
sein Geld, im nächsten rafft er es an sich.

(22) Sic maxime coarguitur animus inprudens: alius prodit atque alius et, quo turpius nihil iudico, inpar sibi est. Magnam rem puta unum hominem agere. Praeter sapientem autem nemo unum agit, ceteri multiformes sumus. Modo frugi tibi videbimur et graves, modo prodigi et vani; mutamus subinde personam et contrariam ei sumimus quam exuimus. Hoc ergo a te exige, ut qualem institueris praestare te, talem usque ad exitum serves; effice ut possis laudari, si minus, ut adgnosci. De aliquo quem here vidisti merito dici potest: 'Hic qui est?': tanta mutatio est. Vale.

(22) Ganz besonders auf diese Weise wird der unkundige Geist aufgezeigt: es kommt mal das eine und mal das andere zum Vorschein, und, weshalb ich nichts für schimpflicher halte, er bleibt sich selbst nicht derselbe. Sieh es als etwas Bedeutendes an, als ein und derselbe Mensch zu handeln. Doch abgesehen von einem Weisen bleibt niemand sich selbst derselbe, wir übrigen haben einen unbeständigen Charakter. Bald werden wir dir besonnen und ernst erscheinen, bald verschwenderisch und eitel; immer wieder ändern wir die Persönlichkeit und nehmen eine ihr entgegengesetzte an. Dies also fordere für dich, dass du [die Art], wie du dich zu betragen begonnen hast, bis zu deinem Tode beibehältst; erreiche es, dass man dich loben kann; wenn nicht das, dass man dich [zumindest] wiedererkennt. Bei manch einem, den du [erst] kürzlich gesehen hast, kann mit Recht gefragt werden: „Wer ist das?" – so groß ist die Veränderung. Lebe wohl.

Liber XX – Epistula CXXI

Seneca Lucilio suo Salutem,

(1) Litigabis, ego video, cum tibi hodiernam quaestiunculam, in quasatis diu haesimus, exposuero; iterum enim exclamabis: 'Hoc quid ad mores?' Sed exclama, dum tibi primum alios opponam cum quibus litiges, Posidonium et Archidemum (hi iudicium accipient), deinde dicam: non quidquid morale est mores bonos facit.

(2) Aliud ad hominem alendum pertinet, aliud ad exercendum, aliud ad vestiendum, aliud ad docendum, aliud ad delectandum; omnia tamen ad hominem pertinent, etiam si non omnia meliorem eum faciunt. Mores alia aliter attingunt: quaedam illos corrigunt et ordinant, quaedam naturam eorum et originem scrutantur.

(3) Cum <quaero> quare hominem natura produxerit, quare praetulerit animalibus ceteris, longe me iudicas mores reliquisse? Falsum est. Quomodo enim scies qui habendi sint nisi quid homini sit optimum inveneris, nisi naturam eius inspexeris? Tunc demum intelleges quid faciendum tibi, quid vitandum sit, cum didiceris quid naturae tuae debeas.

Buch 20 – Brief 121

Seneca grüßt seinen Lucilius,

(1) Ich sehe, du wirst [mit mir] streiten, wenn ich dir die heutige kleine Untersuchung darlege, bei der wir recht lange steckengeblieben sind; du wirst nämlich wieder ausrufen: „Was hat das mit den Sitten zu tun?" Aber schreie [nur], während ich dir zunächst diejenigen entgegenhalten werde, mit denen du dich streiten kannst, Poseidonios und Archedemos (sie werden die Verhandlung annehmen), dann werde ich behaupten: nicht alles, was die Sitten betrifft, bringt gute Sitten hervor.

(2) Das eine betrifft die Ernährung des Menschen, ein anderes seine körperliche Ertüchtigung, ein drittes seine Kleidung, ein viertes seinen Unterricht, ein letztes [schließlich] seine Unterhaltung; gleichwohl betrifft alles den Menschen, auch wenn ihn nicht alles besser macht. Die Sitten berührt eines auf diese, eines auf andere Weise: manches verbessert und ordnet sie, manches untersucht deren Natur und Ursprung.

(3) Wenn ich zu ergründen suche, warum die Natur den Menschen hervorgebracht, warum sie ihn den übrigen Lebewesen vorgezogen hat, glaubst du, ich hätte die Sitten lange unerwähnt gelassen? Falsch! Wie könntest du denn wissen, welche man sich geben muss, wenn du nicht herausgefunden hast, was das Beste für den Menschen ist, wenn du nicht seine Natur untersucht hast? Dann erst wirst du verstehen, was du tun musst, was du vermeiden musst, wenn du erfahren hast, was du deiner Natur schuldig bist.

(4) 'Ego', inquis, 'volo discere quomodo minus cupiam, minus timeam. Superstitionem mihi excute; doce leve esse vanumque hoc quod felicitas dicitur, unam illi syllabam facillime accedere.' Desiderio tuo satis faciam: et virtutes exhortabor et vitia converberabo. Licet aliquis nimium inmoderatumque in hac parte me iudicet, non desistam persequi nequitiam et adfectus efferatissimos inhibere et voluptates ituras in dolorem conpescere et votis obstrepere. Quidni? Cum maxima malorum optaverimus, et ex gratulatione natum sit quidquid adloquimur.

(5) Interim permitte mihi ea quae paulo remotiora videntur excutere. Quaerebamus an esset omnibus animalibus constitutionis suae sensus. Esse autem ex eo maxime apparet quod membra apte et expedite movent non aliter quam in hoc erudita; nulli non partium suarum agilitas est. Artifex instrumenta sua tractat ex facili, rector navis scite gubernaculum flectit, pictor colores quos ad reddendam similitudinem multos variosque ante se posuit celerrime denotat et inter ceram opusque facili vultu ac manu commeat: sic animal in omnem usum sui mobile est.

(4) „Ich will lernen“, sagst du, „wie ich weniger Leidenschaft, wie ich weniger Furcht empfinden kann. Treibe mir den Aberglauben aus; lehre mich, dass das, was Glück genannt wird, unbedeutend und nichtig ist, dass ihm leicht die Silbe [‚Un-‘] hinzutreten kann.“ Ich werde dein Verlangen befriedigen: ich werde sowohl die Tugenden ermuntern als auch die Verfehlungen züchtigen. Mag mich einer in dieser Beziehung für übertrieben und ohne Maß halten, ich werde nicht davon ablassen, die Verschwendungssucht zu bekämpfen, [und] den wildesten Leidenschaften Einhalt zu gebieten, [und] die Sinneslüste, die in Schmerz übergehen werden, zu unterdrücken und den Wünschen [danach] in den Weg zu treten. Warum auch nicht? Da wir uns doch die größten Übel [selbst] gewünscht haben, und alles, was wir trösten [müssen], aus einem Glückwunsch entstanden ist.

(5) Inzwischen erlaube mir das zu untersuchen, was etwas entfernt [zu liegen] scheint. Wir fragten, ob alle Tiere ein Bewusstsein ihres [von der Natur bestimmten] Zustands besitzen. Dass sie es jedoch haben, zeigt sich besonders daran, dass sie ihre Körperglieder geschickt und leicht bewegen – nicht anders, als wenn man sie darin unterwiesen hätte; jedes verfügt über eine Beweglichkeit der entsprechenden Glieder. Leicht handhabt der Künstler seine Werkzeuge, kundig wendet der Steuermann das Ruder, außerordentlich schnell unterscheidet der Maler die vielen verschiedenen Farben, die er vor sich ausgebreitet hat, um die Ähnlichkeit [mit dem Original] wiederzugeben, und er wandert mit gewandtem Blick und leichter Hand zwischen der Wachstafel und dem Kunstwerk hin und her: derart behend ist ein Tier bei jedem Gebrauch einer ihm eigentümlichen [Fähigkeit].

(6) Mirari solemus saltandi peritos quod in omnem significationem rerum et adfectuum parata illorum est manus et verborum velocitatem gestus adsequitur: quod illis ars praestat, his natura. Nemo aegre molitur artus suos, nemo in usu sui haesitat. Hoc edita protinus faciunt; cum hac scientia prodeunt; instituta nascuntur.

(7) 'Ideo', inquit, 'partes suas animalia apte movent quia, si aliter moverint, dolorem sensura sunt. Ita, ut vos dicitis, coguntur, metusque illa in rectum, non voluntas movet.' Quod est falsum; tarda enim sunt quae necessitate inpelluntur, agilitas sponte motis est. Adeo autem non adigit illa ad hoc doloris timor ut in naturalem motum etiam dolore prohibente nitantur.

(8) Sic infans qui stare meditatur et ferre se adsuescit, simul temptare vires suas coepit, cadit et cum fletu totiens resurgit donec se per dolorem ad id quod natura poscit exercuit. Animalia quaedam tergi durioris inversa tam diu se torquent ac pedes exerunt et obliquant donec ad locum reponantur. Nullum tormentum sentit supina testudo, inquieta est tamen desiderio naturalis status nec ante desinit niti, quatere se, quam in pedes constitit.

(6) Wir sind es gewohnt, diejenigen zu bewundern, die geschickt in der pantomimischen Aufführung sind, weil ihre Hand zu jeder Deutung einer Sache oder eines Gefühls fähig ist und ihre Gesten die Schnelligkeit von Worten erreichen: ihnen gewährt dies die Kunst, [den Tieren] ihre Natur. Keines setzt seine Körperglieder mit Mühe in Bewegung, keines zögert beim Gebrauch einer ihm eigentümlichen [Fähigkeit]. Sie bringen es sogleich nach der Geburt zuwege; mit diesem Wissen kommen sie [aus dem Mutterleib] hervor; [bereits] ausgebildet nehmen sie ihren Anfang.

(7) „Tiere bewegen deshalb geschickt ihre Glieder", sagt man, „weil, wenn sie sie anders bewegten, Schmerz empfinden würden. So seien sie, wie ihr es sagt, dazu gezwungen, und die Angst treibe sie zur richtigen [Bewegung], nicht ihr Wille." Das ist falsch; langsam sind nämlich diejenigen [Tiere], die zum Notwendigen angetrieben werden, Schnelligkeit wird ohne Zutun hervorgebracht. So wenig aber treibt sie dazu die Angst vor dem Schmerz, dass sie zu ihrer natürlichen Bewegung streben, selbst wenn ein Schmerz sie zu hindern sucht.

(8) Ebenso [macht es] das Kind, welches das Stehen übt und sich an rascher Bewegung gewöhnt: sobald es angefangen hat, seine Kräfte zu erproben, fällt es zu Boden und steht ebenso oft unter Tränen wieder auf, bis es sich unter Schmerzen in dem geübt hat, was die Natur verlangt. Nachdem sie auf den Rückenschild umgedreht wurden, winden sich manche Tiere hin und her, strecken und krümmen ihre Beine so lange, bis sie wieder in gehöriger Lage aufgerichtet sind. Eine auf dem Rücken liegende Schildkröte empfindet keinen Schmerz, trotzdem ist sie wegen ihres Verlangens nach einer naturgegebenen Lage ohne Ruhe und hört nicht eher auf sich anzustrengen, sich zu plagen, bis sie wieder fest auf den Füßen steht.

(9) Ergo omnibus constitutionis suae sensus est et inde membrorum tam
expedita tractatio, nec ullum maius indicium habemus cum hac illa ad
vivendum venire notitia quam quod nullum animal ad usum sui rude est.

(10) 'Constitutio', inquit, 'est, ut vos dicitis, principale animi quodam modo
se habens erga corpus. Hoc tam perplexum et subtile et vobis quoque vix
enarrabile quomodo infans intellegit? Omnia animalia dialectica nasci
oportet ut istam finitionem magnae parti hominum togatorum obscuram
intellegant.'

(11) Verum erat quod opponis si ego ab animalibus constitutionis
finitionem intellegi dicerem, non ipsam constitutionem. Facilius natura
intellegitur quam enarratur. Itaque infans ille quid sit constitutio non novit,
constitutionem suam novit; et quid sit animal nescit, animal esse se sentit.

(12) Praeterea ipsam constitutionem suam crasse intellegit et summatim
et obscure. Nos quoque animum habere nos scimus: quid sit animus, ubi
sit, qualis sit aut unde nescimus. Qualis ad nos (pervenerit) animi nostri
sensus, quamvis naturam eius ignoremus ac sedem, talis ad omnia
animalia constitutionis suae sensus est. Necesse est enim id sentiant per
quod alia quoque sentiunt; necesse est eius sensum habeant cui parent,
a quo reguntur.

(9) Also besitzen alle ein Bewusstsein ihres [von der Natur bestimmten] Zustands und daraus [resultiert] der mühelose Gebrauch ihrer Körperglieder, und wir haben keinen besseren Beweis dafür, dass sie mit diesem Wissen ins Leben eintreten, als dass kein Tier ungeschickt hinsichtlich ihres Gebrauchs ist.

(10) „Der [von der Natur bestimmte] Zustand", wird entgegnet, „beruht, wie ihr es sagt, auf einem führenden Seelenprinzip, das auf eine gewisse Art und Weise gegenüber dem Körper auftritt. Wie soll ein Kind dieses so unklare und fein unterscheidende und auch von euch kaum darstellbare [Prinzip] begreifen? Alle Tiere müssten als Dialektiker geboren werden, damit sie diese, einem Großteil der Erwachsenen unverständliche Erklärung verstehen."

(11) Was du einwendest, wäre richtig, wenn ich behaupten würde, dass die Erklärung des [von der Natur bestimmten] Zustands von den Tieren verstanden würde, nicht der Zustand selbst. Man versteht die Natur leichter als man sie erklärt. Deshalb wusste jenes Kind nicht, was sein [von der Natur bestimmte] Zustand ist, erkannte [aber] seinen eigenen Zustand; auch versteht es nicht, was ein Lebewesen ist, fühlt [aber], dass es ein Lebewesen ist.

(12) Außerdem nimmt es seinen eigenen Zustand [nur] grob, [und] oberflächlich und undeutlich wahr. Auch wir wissen, dass wir eine Seele besitzen: was die Seele ist, wo sie sich befindet, wie sie beschaffen ist oder woher sie kommt, [das] wissen wir nicht. So wie das Bewusstsein unserer Seele zu uns gelangt ist, obwohl wir ihre Natur und ihren Aufenthaltsort nicht kennen, so existiert bei allen Lebewesen ein Bewusstsein ihres [von der Natur bestimmten] Zustands. Denn sie müssen dasjenige wahrnehmen, mit Hilfe dessen sie auch anderes wahrnehmen; sie müssen ein Bewusstsein von dem erlangen, dem sie gehorchen, von dem sie gelenkt werden.

(13) Nemo non ex nobis intellegit esse aliquid quod impetus suos moveat: quid sit illud ignorat. Et conatum sibi esse scit: quis sit aut unde sit nescit. Sic infantibus quoque animalibus que principalis partis suae sensus est non satis dilucidus nec expressus.

(14) 'Dicitis', inquit, 'omne animal primum constitutioni suae conciliari, hominis autem constitutionem rationalem esse et ideo conciliari hominem sibi non tamquam animali sed tamquam rationali; ea enim parte sibi carus est homo qua homo est. Quomodo ergo infans conciliari constitutioni rationali potest, cum rationalis nondum sit?'

(15) Unicuique aetati sua constitutio est, alia infanti, alia puero, <alia adulescenti>, alia seni: omnes ei constitutioni conciliantur in qua sunt. Infans sine dentibus est: huic constitutioni suae conciliatur. Enati sunt denes: huic constitutioni conciliatur. Nam et illa herba quae in segetem frugemque ventura est aliam constitutionem habet tenera et vix eminens sulco, aliam cum convaluit et molli quidem culmo, sed quo ferat onus suum, constitit, aliam cum flavescit et ad aream spectat et spica eius induruit: in quamcumque constitutionem venit, eam tuetur, in eam componitur.

(13) Jeder von uns versteht, dass etwas existiert, dass seine Neigungen hervorbringt: was dieses [genau] ist, weiß er nicht. Er erkennt auch, dass er einen triebhafter Drang besitzt: was er ist oder woher er stammt, weiß er nicht. Auf diese Weise haben auch Kinder und Tiere ein (etwas unklares und undeutliches) Bewusstsein ihres führenden Seelenteils.

(14) „Ihr behauptet", wird gesagt, „dass sich jedes Tier zuerst seinem [von der Natur bestimmten] Zustand zuwendet, dass der [von der Natur bestimmte] Zustand des Menschen jedoch auf Vernunft beruht, und dass sich der Mensch daher sozusagen nicht am Tierischen, sondern gleichsam am Vernünftigen ausrichtet; in dieser Hinsicht ist sich der Mensch nämlich lieb und teuer, als er ein Mensch ist. Wie also kann sich ein Kind seinem zur Vernunft fähigen Zustand zuwenden, wenn es nicht vernünftig ist?"

(15) Ein jedes Alter besitzt seinen eigenen [von der Natur bestimmten] Zustand – einen das Kleinkind, einen anderen der Knabe, einen dritten der junge Mann, einen weiteren der Greis: alle wenden sich dem Zustand zu, in dem sie sich befinden. Das Kleinkind hat keine Zähne, nach diesem Zustand richtet es sich. Sobald die Zähne herausgekommen sind: nach diesem Zustand richtet es sich. Denn auch die Getreidesaat, die später auf dem Feld und in Frucht stehen wird, weist [zuerst] den einen Zustand auf, zart und kaum aus der Furche herausragend, einen anderen [dann], wenn sie kräftig herangewachsen ist und aus einer zwar weichen, doch ihre Last tragenden Ähre besteht, wieder einen anderen, wenn sie goldgelb wird und zur Tenne strebt und ihre Ähre verhärtet ist: in welchen Zustand auch immer sie übergeht, sie gibt auf sich acht, sie wird sich darin einrichten.

(16) Alia est aetas infantis, pueri, adulescentis, senis; ego tamen idem sum qui et infans fui et puer et adulescens. Sic, quamvis alia atque alia cuique constitutio sit, conciliatio constitutionis suae eadem est. Non enim puerum mihi aut iuvenem aut senem, sed me natura commendat. Ergo infans ei constitutioni suae conciliatur quae tunc infanti est, non quae futura iuveni est; neque enim si aliquid illi maius in quod transeat restat, non hoc quoque in quo nascitur secundum naturam est.

(17) Primum sibi ipsum conciliatur animal; debet enim aliquid esse ad quod alia referantur. Voluptatem peto. Cui? Mihi; ergo mei curam ago. Dolorem refugio. Pro quo? Pro me; ergo mei curam ago. Si omnia propter curam mei facio, ante omnia est mei cura. Haec animalibus inest cunctis, nec inseritur sed innascitur.

(18) Producit fetus suos natura, non abicit; et quia tutela certissima ex proximo est, sibi quisque commissus est. Itaque, ut in prioribus epistulis dixi, tenera quoque animalia et materno utero vel ovo modo effusa quid sit infestum ipsa protinus norunt et mortifera devitant; umbram quoque transvolantium reformidant obnoxia avibus rapto viventibus. Nullum animal ad vitam prodit sine metu mortis.

(16) Das Leben eines Kleinkinds, eines Knaben, eines jungen Mannes, eines Greises unterscheidet sich: trotzdem bleibe ich derselbe, der ich als Kleinkind, als Knabe, als junger Mann war. Obgleich ein jeder sich bald in diesem, bald in jenem [von der Natur bestimmten] Zustand befindet, bleibt die Selbstwahrnehmung seines Zustands dieselbe. Die Natur vertraut mir nämlich nicht den Knaben, [oder] den jungen Mann oder den Greis an, sondern mich selbst. Also wendet sich das Kleinkind demjenigen Zustand hin, in welchem es sich zu diesem Zeitpunkt als Kleinkind befindet, nicht demjenigen, in dem es sich als junger Mann befinden wird; denn auch wenn ihm Bedeutenderes noch bevorsteht, in das es übergehen kann, ist auch dasjenige, in das es hineingeboren wird, in Übereinstimmung mit der Natur.

(17) Ein Lebewesen wendet sich zuerst sich selbst zu; es muss nämlich etwas geben, an das alles andere ausgerichtet werden kann. Ich suche nach Vergnügen. Für wen? Für mich; also trage ich Sorge für mich. Ich meide den Schmerz. Um wessen willen? Um meiner willen; also trage ich Sorge für mich. Wenn ich alles aus Sorge um mich tue, steht die Sorge um mich über allem. Dieses wohnt allen Lebewesen inne, und es ist nicht hinzugefügt, sondern angeboren.

(18) Die Natur begleitet ihre Sprösslinge, lässt sie nicht fallen; und weil es aus der Nähe am sichersten ist, ist jeder Einzelne sich selbst anvertraut. Deshalb erkennen, wie ich es in früheren Briefen geäußert habe, auch die zarten und eben erst aus dem Mutterleib oder einem Ei hervorgekommenen Tiere sofort von selbst, was feindselig ist, und das, was den Tod bringt, vermeiden sie. Den Vögeln preisgegeben, die sich von dem nähren, was sie mit sich fortreißen, schrecken sie auch vor dem Schatten derer zurück, die über sie hinwegfliegen. Kein Tier tritt ins Leben hinaus ohne die Angst vor dem Tod.

(19) 'Quemadmodum', inquit, 'editum animal intellectum habere aut salutaris aut mortiferae rei potest?' Primum quaeritur an intellegat, non quemadmodum intellegat. Esse autem illis intellectum ex eo apparet quod nihil amplius, si intellexerint, facient. Quid est quare pavonem, quare anserem gallina non fugiat, at tanto minorem et ne notum quidem sibi accipitrem? Quare pulli faelem timeant, canem non timeant? Apparet illis inesse nocituri scientiam non experimento collectam; nam antequam possint experiri, cavent.

(20) Deinde ne hoc casu existimes fieri, nec metuunt alia quam debent nec umquam obliviscuntur huius tutelae et diligentiae: aequalis est illis a pernicioso fuga. Praeterea non fiunt timidiora vivendo; ex quo quidem apparet non usu illa in hoc pervenire sed naturali amore salutis suae. Et tardum est et varium quod usus docet: quidquid natura tradit et aequale omnibus est et statim.

(21) Si tamen exigis, dicam quomodo omne animal perniciosa intellegere cogatur. Sentit se carne constare; itaque sentit quid sit quo secari caro, quo uri, quo obteri possit, quae sint animalia armata ad nocendum: horum speciem trahit inimicam et hostilem. Inter se ista coniuncta sunt; simul enim conciliatur saluti suae quidque et iuvatura petit, laesura formidat. Naturales ad utilia impetus, naturales a contrariis aspernationes sunt; sine ulla cogitatione quae hoc dictet, sine consilio fit quidquid natura praecepit.

(19) „Wie kann ein Tier“, fragt man, „gerade geboren, Kenntnis über etwas Heilsames oder Tobringendes besitzen?“ Zuerst wird zu ergründen gesucht, *ob* es Kenntnis darüber hat, nicht *wie* es sie hat. Dass [Tiere] aber Kenntnis darüber haben, zeigt sich dadurch, dass sie nur tun, worüber sie Kenntnis haben. Welchen Grund gibt es, dass eine Henne nicht vor dem Pfau, nicht vor der Gans flieht, aber vor dem so viel kleineren und ihr nicht einmal bekannten Habicht? Weshalb fürchten die jungen Hühner eine Katze, fürchten [aber] keinen Hund? Es ist offensichtlich, dass ihnen eine Kenntnis von dem, was schaden wird, innewohnt, die nicht aus Erfahrung gewonnen wurde; denn bevor sie es durch Erfahrung hätten lernen können, nehmen sie sich [bereits] in Acht.

(20) Ferner, damit du nicht glaubst, dass dies durch Zufall geschieht: sie fürchten nichts anderes, als sie müssen, und niemals vergessen sie diesen Schutz und diese Achtsamkeit; die Flucht vor dem Verderblichen ist ihnen gleichbleibend [verinnerlicht]. Außerdem werden sie im Laufe des Lebens nicht furchtsamer; eben dadurch zeigt sich, dass sie dazu nicht aufgrund ihrer Erfahrung kommen, sondern aus dem natürlichen Verlangen nach dem eigenen Wohlergehen. Sowohl langsam [sich entfaltend] als auch verschiedenartig ist, was die Erfahrung lehrt: alles, was die Natur überreicht, ist für alle gleich und sofort vorhanden.

(21) Wenn du dennoch darauf drängst, werde ich dir erklären, auf welche Weise jedes Tier dazu gebracht wird, Verderbliches zu bemerken. Es fühlt, dass es aus Fleisch besteht; deshalb versteht es auch, was es ist, wodurch das Fleisch verwundet, wodurch es versengt, wodurch es zermalmt werden kann, [und] welche Geschöpfe fähig sind, ihnen zu schaden: deren Äußeres sieht er als verderblich und feindselig an. Dieses ist miteinander verbunden: es wendet sich nämlich dem eigenen Wohlbefinden zu und erstrebt, was ihm nützen wird, fürchtet [aber] zugleich, was ihn verletzen wird. Natürlich ist der Trieb zum Nützlichen, natürlich ist die Abweisung des Gegenteiligen; ohne irgendeinen Gedanken, der es diktiert, [und] ohne Plan geschieht alles, was die Natur verfügt.

(22) Non Vides quanta sit subtilitas apibus ad fingenda domicilia, quanta dividui laboris obeundi undique concordia? Non vides quam nulli mortalium imitabilis illa aranei textura, quanti operis sit fila disponere, alia in rectum inmissa firmamenti loco, alia in orbem currentia ex denso rara, qua minora animalia, in quorum perniciem illa tenduntur, velut retibus inplicata teneantur?

(23) Nascitur ars ista, non discitur. Itaque nullum est animal altero doctius: videbis araneorum pares telas, par in favis angulorum omnium foramen. Incertum est et inaequabile quidquid ars tradit: ex aequo venit quod natura distribuit. Haec nihil magis quam tutelam sui et eius peritiam tradidit, ideoque etiam simul incipiunt et discere et vivere.

(24) Nec est mirum cum eo nasci illa sine quo frustra nascerentur. Primum hoc instrumentum <in> illa natura contulit ad permanendum, (in) conciliationem et caritatem sui. Non poterant salua esse nisi vellent; nec (non) hoc per se profuturum erat, sed sine hoc nulla res profuisset. Sed in nullo deprendes vilitatem sui, <ne> neglegentiam quidem; tacitis quoque et brutis, quamquam in cetera torpeant, ad vivendum sollertia est. Videbis quae aliis inutilia sunt sibi ipsa non deesse. Vale.

(22) Siehst du nicht, wie viel Feingefühl die Bienen beim Bau ihrer Behausung besitzen, wie groß der Gemeinsinn, wenn sie sich von allen Seiten zur Übernahme der zugeteilten Arbeit einfinden? Siehst du nicht, wie unnachahmlich jenes Spinngewebe für einen Menschen ist, welche große Anstrengung [es ist], die Fäden anzuordnen, die einen zur Stütze in gerader Richtung eingezogen, die anderen von dichtgedrängt zu weitmaschig im Kreis verlaufend, in denen kleine Geschöpfe, zu deren Verderben sie gespannt werden, wie in Netzen eingewickelt, festgehalten werden können.

(23) Diese Kunst ist angeboren, nicht erlernt. Deshalb ist kein Tier gelehrter als ein anderes: du wirst das gleichartige Gewebe der Spinnennetze bemerken, das gleiche Winkelmaß in allen Bienenwaben. Unbestimmt und ungleichmäßig ist alles, was die Kunst uns lehrt; von gleicher Art zeigt sich das, was die Natur verteilt. Sie unterrichtet in nichts mehr, als deren Selbsterhalt und die [nötige] Kenntnis hierzu, daher fangen sie auch gleichzeitig an sowohl zu lernen als auch zu leben.

(24) Und es ist auch nicht verwunderlich, dass sie mit dem geboren werden, ohne welches sie vergebens geboren würden. Dieses Hilfsmittel zum Überleben hat ihnen die Natur als Erstes dargebracht: die Wahrnehmung und die Wertschätzung ihrer selbst. Sie können nicht am Leben bleiben, wenn sie es nicht wollen; auch hätte dies nicht an und für sich genützt, ohne jedoch wäre es gar nichts von Nutzen gewesen. Aber bei keinem wirst du eine Geringschätzung seiner selbst entdecken, nicht einmal eine Vernachlässigung; auch stumme und schwerfällige [Lebewesen], obgleich sie bei allem Übrigen in Untätigkeit verharren, besitzen Klugheit, um zu leben. Du wirst sehen, dass [auch] diejenigen, die für andere ohne Nutzen sind, sich selbst nicht vernachlässigen. Lebe wohl.

Liber XX – Epistula CXXII

Seneca Lucilio suo Salutem,

(1) Detrimentum iam dies sensit; resiluit aliquantum, ita tamen ut liberale adhuc spatium sit si quis cum ipso, ut ita dicam, die surgat. Officiosior meliorque si quis illum expectat et lucem primam excipit: turpis qui alto sole semisomnus iacet, cuius vigilia medio die incipit; et adhuc multis hoc antelucanum est.

(2) Sunt qui officia lucis noctisque perverterint nec ante diducant oculos hesterna graves crapula quam adpetere nox coepit. Qualis illorum condicio dicitur quos natura, ut ait Vergilius, pedibus nostris subditos e contrario posuit,

nosque ubi primus equis Oriens adflavit anhelis,
illis sera rubens accendit lumina Vesper,

talis horum contraria omnibus non regio sed vita est.

Seneca grüßt seinen Lucilius,

(1) Der Tag spürt bereits sein Vergehen; er ist ziemlich zusammenge-schrumpft, aber auf eine Weise, dass immer noch reichlich vorhanden ist, wenn man sozusagen mit dem Tag selbst aufstehen möchte. Eifriger und tüchtiger [ist jemand], wenn er ihn erwartet und das erste Licht des Tages empfängt: schändlich derjenige, der bei hochstehender Sonne verschlafen daliegt, dessen Wache mitten am Tag beginnt; und für viele ist das „noch vor Tagesanbruch".

(2) Es gibt solche, die die Obliegenheiten des Tages und der Nacht völlig verkehrt haben und die ihre vom gestrigen Rausch schweren Augen nicht eher öffnen, als bis die Nacht [wieder] anbricht. Wie über den Zustand de-rer gesagt wird, welche, wie es Vergil berichtet, auf der entgegengesetzten Seite [des Erdballs] wohnend, die Natur unter unsere Füße versetzt hat,

und sobald uns die aufgehende Sonne
mit schnaubenden Rossen anhaucht,
erhellt jene zu später Zeit
der rote Abendstern die Augen,

Solcherart ist nicht deren Weltengegend allen [anderen] entgegengesetzt, sondern deren Leben.

(3) Sunt quidam in eadem urbe antipodes qui, ut M. Cato ait, nec orientem umquam solem viderunt nec occidentem. Hos tu existimas scire quemadmodum vivendum sit, qui nesciunt quando?

Et hi mortem timent, in quam se vivi condiderunt? Tam infausti ominis quam nocturnae aves sunt. Licet in vino unguentoque tenebras suas exigant, licet epulis et quidem in multa fericula discoctis totum perversae vigiliae tempus educant, non convivantur sed iusta sibi faciunt. Mortuis certe interdiu parentatur. At mehercules nullus agenti dies longus est. Extendamus vitam: huius et officium et argumentum actus est. Circumscribatur nox et aliquid ex illa in diem transferatur.

(4) Aves quae conviviis comparantur, ut inmotae facile pinguescant, in obscuro continentur; ita sine ulla exercitatione iacentibus tumor pigrum corpus invadit et ~sub perpetua umbra~ iners sagina subcrescit. At istorum corpora qui se tenebris dicaverunt foeda visuntur, quippe suspectior illis quam morbo pallentibus color est: languidi et evanidi albent, et in vivis caro morticina est. Hoc tamen minimum in illis malorum dixerim: quanto plus tenebrarum in animo est! Ille in se stupet, ille caligat, invidet caecis. Quis umquam oculos tenebrarum causa habuit?

(3) Etliche Antipoden leben sogar in Rom, die, wie Marcus Cato sagt, niemals einen Sonnenaufgang, niemals einen Sonnenuntergang gesehen haben. Glaubst du, dass diejenigen wissen, wie man leben muss, die nicht wissen wann?

Und sie fürchten den Tod, in den sie sich zu Lebzeiten [selbst] eingerichtet haben? Ein ebenso schlechtes Omen sind sie, wie die Vögel der Nacht. Mögen sie auch unter Wein und Salböl an dunklen Orten weilen, mögen sie mit Mahlzeiten, darunter viele Gerichte gewiss auch aus der Garküche, die ganze Zeit der töricht durchwachten Nächte verleben, sie halten kein Gastmahl, sondern sie erweisen sich die letzte Ehre. Den Verstorbenen wird wenigstens bei Tage ein Opfer dargebracht. Aber bei Herkules, für den, der etwas anstrebt, ist kein Tag [zu] lang. Lasst uns das Leben verlängern: sein Zweck und sein Inhalt ist die Tätigkeit. Die Nacht sollte in seine gehörigen Schranken zurückgewiesen und etwas von ihr auf den Tag verlegt werden.

(4) Die Vögel, die für diese Gastmähler beschafft werden, hält man im Dunklen eingeschlossen, damit sie ungestört leichter fett werden können; ohne irgendeine Bewegung daliegend, quellen daher ihre trägen Körper auf und unter dem immerwährenden Schatten wächst ein schlaffes Masttier heran. Die Körper derer jedoch, die sich ganz der Dunkelheit hingegeben haben, sind grässlich anzuschauen, ja ihre Gesichtsfarbe ist Argwohn erregender als die von denen, die aufgrund einer Krankheit blass sind: sie haben die weiße [Gesichtsfarbe] des Siechenden und Hinfälligen, und an den Lebenden findet sich das Fleisch von Verstorbenen. Ich würde es gleichwohl das Kleinste ihrer Übel nennen: um wie viel tiefer ist die Finsternis in ihrem Geiste! Er ist in sich erstarrt, er ist verblendet, er beneidet die Blinden. Wer hat jemals um der Finsternis willen Augen besessen?

(5) Interrogas quomodo haec animo pravitas fiat aversandi diem et totam vitam in noctem transferendi? Omnia vitia contra naturam pugnant, omnia debitum ordinem deserunt; hoc est luxuriae propositum, gaudere peruersis nec tantum discedere a recto sed quam longissime abire, deinde etiam e contrario stare.

(6) Non videntur tibi contra naturam vivere <qui> ieiuni bibunt, qui vinum recipiunt inanibus venis et ad cibum ebrii transeunt? Atqui frequens hoc adulescentium vitium est, qui vires excolunt <ut> in ipso paene balinei limine inter nudos bibant, immo potent et sudorem quem moverunt potionibus crebris ac ferventibus subinde destringant. Post prandium aut cenam bibere vulgare est; hoc patres familiae rustici faciunt et verae voluptatis ignari: merum illud delectat quod non innatat cibo, quod libere penetrat ad nervos; illa ebrietas iuvat quae in vacuum venit.

(7) Non videntur tibi contra naturam vivere qui commutant cum feminis vestem? Non vivunt contra naturam qui spectant ut pueritia splendeat tempore alieno? Quid fieri crudelius vel miserius potest? Numquam vir erit, ut diu virum pati possit? Et cum illum contumeliae sexus eripuisse debuerat, non ne aetas quidem eripiet?

(5) Du fragst, wie eine solche Verkommenheit im Geist entstehen kann: sich vom Tage abzuwenden und das ganze Leben in die Nacht zu verlegen? Alle Verfehlungen kämpfen gegen die Natur an, alle geben die gebotene Ordnung auf; es ist dies das Ziel eines ausschweifenden Lebens, sich an den verdrehten Dingen zu erfreuen, und sich von den richtigen nicht nur abzugrenzen, sondern sich möglichst weit von ihnen zu entfernen, um dann sogar im Gegensatz zu ihnen zu stehen.

(6) Scheint es dir nicht so, dass diejenigen gegen die Natur leben, die auf nüchternem Magen trinken, die den Wein in ihr leeres Inneres aufnehmen und betrunken zum Essen übergehen? Und doch ist dieses eine häufige Verfehlung von jungen Männern, die ihre Kräfte üben, dass sie beinahe schon auf der Schwelle des Bades zwischen den Nackten trinken, ja sogar saufen und immer wieder den Schweiß abreiben müssen, den sie durch zahlreiche [und] heiße Getränke angeregt haben. Nach dem Mittag- oder Abendessen zu trinken ist alltäglich; das machen die Familienväter vom Lande und solche, denen wahrhaftiger Genuss fremd ist: es erfreut der unvermischte Wein, der sich nicht über das Essen ergießt, der ungehindert zu den Nerven dringt; [gerade] jene Trunkenheit gefällt, die auf einen leeren [Magen] trifft.

(7) Scheint es dir nicht so, dass diejenigen gegen die Natur leben, die mit den Frauen die Kleidung tauschen? Leben diejenigen nicht gegen die Natur, die nach Gelegenheit suchen, um zur Unzeit [wieder] durch Jugend zu glänzen? Was könnte man tun, das widernatürlicher und armseliger ist? Wird einer niemals als Mann leben, [nur] um sich allzu lange einem Mann hingeben zu können? Und wenn sein Geschlecht ihn schon nicht von der Schande hat befreien können, wird sie ihm auch das Alter nicht entreißen?

(8) Non vivunt contra naturam qui hieme concupiscunt rosam fomentoque aquarum calentium et locorum apta mutatione bruma lilium (florem vernum) exprimunt? Non vivunt contra naturam qui pomaria in summis turribus serunt? Quorum silvae in tectis domuum ac fastigiis nutant, inde ortis radicibus quo inprobe cacumina egissent? Non vivunt contra naturam qui fundamenta thermarum in mari iaciunt et delicate natare ipsi sibi non videntur nisi calentia stagna fluctu ac tempestate feriantur?

(9) Cum instituerunt omnia contra naturae consuetudinem velle, novissime in totum ab illa desciscunt. 'Lucet: somni tempus est. Quies est: nunc exerceamur, nunc gestemur, nunc prandeamus. Iam lux propius accedit: tempus est cenae. Non oportet id facere quod populus; res sordida est trita ac vulgari via vivere. Dies publicus relinquatur: proprium nobis ac peculiare mane fiat.'

(10) Isti vero mihi defunctorum loco sunt; quantulum enim a funere absunt et quidem acerbo qui ad faces et cereos vivunt? Hanc vitam agere eodem tempore multos meminimus, inter quos et Acilium Butam praetorium, cui post patrimonium ingens consumptum Tiberius paupertatem confitenti 'sero', inquit, 'experrectus es'.

(8) Leben diejenigen nicht gegen die Natur, die im Winter eine Rose verlangen und eine Lilie, eine Frühlingsblume, in einer Hülle wärmenden Wassers und durch einen geschickten Wechsel des Standorts in der Winterkälte zum Blühen nötigen? Leben diejenigen nicht gegen die Natur, die auf den höchsten Türmen Obstgärten anlegen? Deren Bäume auf den Dächern und Giebeln ihrer Häuser sich hin und her neigen, die Wurzeln von dort aus ihren Ursprung nehmend, wo die höchsten Wipfel sich hätten bewegen sollen? Leben diejenigen nicht gegen die Natur, die die Fundamente ihrer Thermen im Meer errichten und die sich einbilden, nur angenehm schwimmen zu können, wenn die wohl temperierten Bassins den Wogen und Stürmen ausgesetzt werden?

(9) Sobald sie anfangen, alles entgegen der natürlichen Lebensweise zu wollen, sagen sie sich zuletzt gänzlich von ihr los. „Es ist Tag: Zeit schlafen zu gehen. Es ist Nacht: jetzt wollen wir Gymnastik treiben, jetzt uns ausfahren lassen, jetzt frühstücken. Schon rückt das Tageslicht heran: Zeit fürs Abendessen. Man darf nicht tun, was das Volk tut; verächtlich ist es, sich auf einer oft betretenen und für jeden zugänglichen Straße aufzuhalten. Der Tag mag dem Volk überlassen werden: für uns soll ein persönlicher und ganz besonderer Morgen geschaffen werden.

(10) Für mich sind sie tatsächlich wie tot; wie wenig nämlich fehlt denen, die bei Fackel- und Kerzenlicht leben, zu ihrem Begräbnis, und zwar einem vorzeitigen? Ein solches Leben führten, wie wir uns erinnern, viele zur gleichen Zeit, unter ihnen auch der Prätor Acilius Buta, dem Tiberius sagte, als er ihm nach der Vergeudung seines ungeheuren Vermögens seine Armut gestand: „Zu spät bist du erwacht."

(11) Recitabat Montanus Iulius carmen, tolerabilis poeta et amicitia Tiberi notus et frigore. Ortus et occasus libentissime inserebat; itaque cum indignaretur quidam illum toto die recitasse et negaret accedendum ad recitationes eius, Natta Pinarius ait: 'Numquid possum liberalius agere? Paratus sum illum audire ab ortu ad occasum.'

(12) Cum hos versus recitasset

incipit ardentes Phoebus producere flammas,
spargere <se> rubicunda dies; iam tristis hirundo
argutis reditura cibos inmittere nidis
incipit et molli partitos ore ministrat,

Varus eques Romanus, M. Vinicii comes, cenarum bonarum adsectator, quas inprobitate linguae merebatur, exclamavit: 'Incipit Buta dormire.'

(13) Deinde cum subinde recitasset

iam sua pastores stabulis armenta locarunt,
iam dare sopitis nox pigra silentia terris
incipit,

idem Varus inquit: 'Quid dicis? Iam nox est? Ibo et Butam salutabo'. – Nihil erat notius hac eius vita in contrarium circumacta; quam, ut dixi, multi eodem tempore egerunt.

(11) Montanus Iulius, ein leidlicher Poet, bekannt sowohl aufgrund der Freundschaft mit Tiberius als auch dessen [späterer] Ungnade, trug ein Gedicht vor. Er fügte außerordentlich gerne Sonnenauf- und Untergänge darin ein; als sich jemand empörte, dass jener den ganzen Tag vorgelesen hat, und sich weigerte, [weiterhin] zu seinen Lesungen zu gehen, sagte daher Natta Pinarius: „Kann ich etwa anständiger handeln? Ich bin bereit, ihm von Sonnenauf- bis Sonnenuntergang zuzuhören."

(12) Nachdem er folgenden Vers vorgetragen hatte:

Flammende Strahlen beginnt Phöbus zu erschaffen,
glühend rot bereitet sich das Licht des Tages aus,
schon schickt sich an die traurige Schwalbe,
immer wiederkehrend Futter in die zwitschernden Nester einzubringen,
und [wohl] eingeteilt reicht sie es mit sanftem Schnabel dar,

ruft Varus, ein römischer Ritter, ein Gefährte von Marcus Vinicius, ein ständiger Begleiter bei vortrefflichen Gastmählern, die er sich durch die Verwegenheit seiner Lästerzunge verdiente, laut aus: „Buta trifft Vorbereitungen, schlafen zu gehen."

(13) Sodann, als er unmittelbar darauf vorgelesen hat:

schon haben die Hirten ihre Herden in die Ställe gebracht,
schon beginnt die Nacht, den schlummernden Ländern
eine träge Ruhe zu gewähren,

fragte derselbe Varus: „Was sagst du? Ist es schon Nacht? Ich werde losgehen und Buta die morgendliche Aufwartung machen." – Nichts war besser bekannt als diese seine ins Gegenteil verkehrte Lebensweise; die, wie ich sagte, zu ebenderselben Zeit viele anstrebten.

(14) Causa autem est ita vivendi quibusdam, non quia aliquid existiment noctem ipsam habere iucundius, sed quia nihil iuvat solitum, et gravis malae conscientiae lux est, et omnia concupiscenti aut contemnenti prout magno aut paruo empta sunt fastidio est lumen gratuitum. Praeterea luxuriosi vitam suam esse in sermonibus dum vivunt volunt; nam si tacetur, perdere se putant operam. Itaque aliquotiens faciunt quod excitet famam. Multi bona comedunt, multi amicas habent: ut inter istos nomen invenias, opus est non tantum luxuriosam rem sed notabilem facere; in tam occupata civitate fabulas vulgaris nequitia non invenit.

(15) Pedonem Albinovanum narrantem audieramus (erat autem fabulator elegantissimus) habitasse se supra domum Sex. Papini. Is erat ex hac turba lucifugarum. 'Audio', inquit 'circa horam tertiam noctis flagellorum sonum. Quaero quid faciat: dicitur rationes accipere. Audio circa horam sextam noctis clamorem concitatum. Quaero quid sit: dicitur vocem exercere. Quaero circa horam octavam noctis quid sibi ille sonus rotarum velit: gestari dicitur.

(16) Circa lucem discurritur, pueri vocantur, cellarii, coqui tumultuantur. Quaero quid sit: dicitur mulsum et halicam poposcisse, a balneo exisse. "Excedebat", inquit, "huius diem cena." Minime; valde enim frugaliter vivebat; nihil consumebat nisi noctem.' Itaque Pedo dicentibus illum quibusdam avarum et sordidum 'vos', inquit, 'illum et lychnobium dicetis'.

(14) Der Grund aber für einige so zu leben ist nicht der, dass sie meinen, die Nacht habe etwas Angenehmeres an sich, sondern dass sie Gewohntes überhaupt nicht [mehr] erfreut und dass der Tag für ein schlechtes Gewissen schwer zu ertragen ist und das kostenlose Tageslicht einem, der alles begehrt oder verachtet, je nachdem ob es für viel oder wenig erworben wurde, zuwider ist. Außerdem wollen sie, dass ihre ausschweifende Lebensweise im Gespräch bleibt, während sie [noch] leben; denn wenn darüber geschwiegen wird, halten sie ihre Mühe für vergeudet. Daher tun sie mehr als einmal, was Gerede hervorruft. Viele verschleudern ihr Hab und Gut, viele haben Geliebte: um unter solchen Berühmtheit zu erlangen, muss man nicht nur etwas Ausschweifendes, sondern etwas Denkwürdiges tun; in einer so von Geschwätz in Anspruch genommenen Stadt findet sich keine gewöhnliche Dekadenz.

(15) Wir hatten von Pedo Albinovanus gehört, der berichtete (er war aber auch ein sehr geistreicher Erzähler), dass er oberhalb des Hauses von Sextus Papinius gewohnt hat. Er war einer aus der Schar jener, die das Licht scheuen. „Ich höre", schildert er, „etwa zur dritten Nachtstunde das Geräusch von Knuten. Ich frage, was er mache. Man sagt mir, er gehe die Rechnungen durch. Um die sechste Nachtstunde herum höre ich lautes Geschrei. Ich frage, was los ist: man sagt mir, er übe seine Stimme. Ungefähr zur achten Nachtstunde frage ich, was das Getöse der Wagenräder bedeute, man sagt mir, er lasse sich ausfahren.

(16) Etwa bei Tagesanbruch beginnt ein Hin und Her; die Sklaven werden gerufen, die Kellermeister, die Köche lärmen. Ich frage, was los sei: man sagt mir, dass er Honigwein und Graupensuppe verlangt habe, dass er aus dem Badezimmer gekommen sei. ,Sein Abendessen', sagt man, ,habe sich bis in den Tag erstreckt'. Keineswegs; er lebte nämlich sehr sparsam; er verbrauchte nichts als die Nacht." Als ihn deshalb einige geizig und habsüchtig nannten, entgegnete Pedo: „Ihr könntet ihn auch einen Nachtschwärmer nennen."

(17) Non debes admirari si tantas invenis vitiorum proprietates: varia sunt, innumerabiles habent facies, conprendi eorum genera non possunt. Simplex recti cura est, multiplex pravi, et quantumvis novas declinationes capit. Idem moribus evenit: naturam sequentium faciles sunt, soluti sunt, exiguas differentias habent; (his) distorti plurimum et omnibus et inter se dissident.

(18) Causa tamen praecipua mihi videtur huius morbi vitae communis fastidium. Quomodo cultu se a ceteris distinguunt, quomodo elegantia cenarum, munditiis vehiculorum, sic volunt separari etiam temporum dispositione. Nolunt solita peccare quibus peccandi praemium infamia est. Hanc petunt omnes isti qui, ut ita dicam, retro vivunt.

(19) Ideo, Lucili, tenenda nobis via est quam natura praescripsit, nec ab illa declinandum: illam sequentibus omnia facilia, expedita sunt, contra illam nitentibus non alia vita est quam contra aquam remigantibus. Vale.

(17) Du brauchst dich nicht zu wundern, dass du auf so viele eigentümliche Arten von Verfehlungen stößt: sie sind mannigfach, haben unzählige Gesichter, ihre Erscheinungsformen kann man nicht [alle] aufzählen. Einfach ist das Bemühen ums Richtige, kompliziert das ums Verdorbene, und es nimmt beliebig viele neue Abweichungen auf. Dasselbe passiert mit dem Charakter: folgt er der Natur, ist er umgänglich, ist er sorgenfrei, weist er geringe Unterschiede auf; der gequälte [Charakter] lebt mit allen [anderen] und sich selbst meistens in Zwietracht.

(18) Dennoch erscheint mir der Widerwille gegenüber der allgemein üblichen Lebensweise als die besondere Ursache dieser Krankheit. Wie sie sich von den Übrigen durch die Kleidung unterscheiden, wie durch die Feinheit der Mahlzeiten, durch die Eleganz der Sänften, so wollen sie sich auch durch die Einteilung der Zeit absondern. Solche, denen ein schlechter Ruf als Belohnung ihrer begangenen Verfehlungen gilt, wollen keine gewöhnlichen Verfehlungen begehen. Das erstreben alle diejenigen, die sozusagen umgekehrt leben.

(19) Deshalb, Lucilius, müssen wir uns an den Weg halten, den die Natur vorgegeben hat, und nicht von ihm abweichen: für die, die ihm folgen, ist alles leicht und frei von Hindernissen, für jene, die sich gegen ihn stemmen, ist das Leben nicht anders als das derer, die gegen den Strom rudern. Lebe wohl.

Liber XX – Epistula CXXIII

Seneca Lucilio suo Salutem,

(1) Itinere confectus incommodo magis quam longo in Albanum meum multa nocte perveni: nihil habeo parati nisi me. Itaque in lectulo lassitudinem pono, hanc coci ac pistoris moram boni consulo. Mecum enim de hoc ipso loquor, quam nihil sit grave quod leviter excipias, quam indignandum nihil <dum nihil> ipse indignando adstruas.

(2) Non habet panem meus pistor; sed habet vilicus, sed habet atriensis, sed habet colonus. 'Malum panem', inquis. Expecta: bonus fiet; etiam illum tibi tenerum et siligineum fames reddet. Ideo non est ante edendum quam illa imperat. Expectabo ergo nec ante edam quam aut bonum panem habere coepero aut malum fastidire desiero.

(3) Necessarium est parvo adsuescere: multae difficultates locorum, multae temporum etiam locupletibus et instructis ad voluptatem prohibent et occurrent. Quidquid vult habere nemo potest, illud potest, nolle quod non habet, rebus oblatis hilaris uti. Magna pars libertatis est bene moratus venter et contumeliae patiens.

Buch 20 – Brief 123

Seneca grüßt seinen Lucilius,

(1) Erschöpft von einer eher unbequemen als langen Reise, bin ich spät in der Nacht in meiner Villa in den Albaner Bergen angekommen: außer mich selbst habe ich nichts vorbereitet. Und so bringe ich meine Mattigkeit zu Bette, nehme die Verspätung des Kochs und des Bäckers gut auf. Genau darüber führe ich nämlich ein Gespräch mit mir selbst: dass gar nicht schwer ist, was man leicht nimmt, dass man sich über nichts ärgern muss, wenn man nur selbst nichts durch seine Verärgerung dazu beiträgt.

(2) Mein Bäcker hat kein Brot; aber der Gutsverwalter hat welches, aber der Hausmeister hat welches, aber der Pächter hat welches. „Minderwertiges Brot", sagst du. Warte es ab: es wird köstlich sein; auch ein solches wird dir der Hunger wieder als feines Weizenbrot erscheinen lassen. Deswegen darf man nicht eher essen, als er es befiehlt. Ich werde also abwarten und nicht eher essen, als bis ich mich entweder aufmache, ein gutes Brot zu bekommen, oder davon ablasse, das minderwertige zu verschmähen.

(3) Es ist nötig, sich an die geringen Dinge zu gewöhnen: viele räumliche, viele zeitliche Schwierigkeiten halten auch die Reichen und [gut] Ausgestatteten von ihrem Vergnügen ab und stellen sich ihnen in den Weg. Niemand kann alles haben, was er will; er kann nur so viel: nicht zu wollen, was er nicht hat, [und] das, was angeboten wird, mit Freude zu genießen. Ein großer Teil der Freiheit beruht auf einem genügsamen und Misshandlung ertragenden Magen.

(4) Aestimari non potest quantam voluptatem capiam ex eo quod lassitudo mea sibi ipsa adquiescit: non unctores, non balineum, non ullum aliud remedium quam temporis quaero. Nam quod labor contraxit quies tollit. Haec qualiscumque cena aditiali iucundior erit.

(5) ~Aliquod enim~ experimentum animi sumpsi subito; hoc enim est simplicius et verius. Nam ubi se praeparavit et indixit sibi patientiam, non aeque apparet quantum habeat verae firmitatis: illa sunt certissima argumenta quae ex tempore dedit, si non tantum aequus molestias sed placidus aspexit; si non excanduit, non litigavit; si quod dari deberet ipse sibi non desiderando supplevit et cogitavit aliquid consuetudini suae, sibi nihil deesse.

(6) Multa quam supervacua essent non intelleximus nisi deesse coeperunt; utebamur enim illis non quia debebamus sed quia habebamus. Quam multa autem paramus quia alii paraverunt, quia apud plerosque sunt! Inter causas malorum nostrorum est quod vivimus ad exempla, nec ratione componimur sed consuetudine abducimur. Quod si pauci facerent nollemus imitari, cum plures facere coeperunt quasi honestius sit quia frequentius, sequimur; et recti apud nos locum tenet error ubi publicus factus est.

(4) Man kann nicht [hoch genug] einschätzen, wie viel Freude ich darüber empfinde, dass sich meine Erschöpfung von selbst legt: nicht nach Masseuren, nicht nach einem Bad, nicht nach einem anderen Heilmittel verlange ich als das der Zeit. Denn was die Anstrengung verursacht hat, hebt die Ruhe auf. Diese Mahlzeit, wie auch immer beschaffen, wird ergötzlicher sein als ein Antrittsschmaus.

(5) Ich habe jedenfalls unerwartet eine Charakterprobe abgelegt; das ist tatsächlich aufrichtiger und ehrlicher. Denn sobald man sich vorbereitet und Genügsamkeit auferlegt hat, offenbart sich nicht auf gleiche Weise, wie viel an echter Standhaftigkeit man besitzt: die sichersten Beweise sind solche, die man aus dem Stehgreif liefert, wenn man Beschwerlichkeiten nicht nur gelassen, sondern mit heiterer Ruhe betrachtet, wenn man nicht in Jähzorn gerät, sich nicht streitet; wenn man das, was einem gewährt werden müsste, gerade dadurch ersetzt, dass man es sich nicht wünscht, und versteht, dass es seiner Gewohnheit an etwas mangelt, einem selbst an nichts.

(6) Wir haben erst verstanden, dass vieles überflüssig ist, als es irgendwann nicht mehr da war; wir gebrauchten es nämlich nicht, weil wir es mussten, sondern weil wir es hatten. Wie viele Dinge aber kaufen wir, weil andere sie gekauft haben, weil sehr viele sie haben! Es gehört zu den Ursachen unserer Leiden, dass wir nach dem Beispiel [anderer] leben und nicht von der Vernunft bestimmt, sondern von der Gewohnheit verführt werden. Was wir nicht nachahmen wollten, wenn es wenige tun würden, dem schließen wir uns an, wenn viele es zu tun beginnen, als ob etwas angesehener sei, weil es häufiger geschieht; und sobald es allgemein gebräuchlich geworden ist, nimmt die Verwirrung bei uns die Stellung des Vernünftigen ein.

(7) Omnes iam sic peregrinantur ut illos Numidarum praecurrat equitatus, ut agmen cursorum ante cedat: turpe est nullos esse qui occurrentis via deiciant, [ut] qui honestum hominem venire magno pulvere ostendant. Omnes iam mulos habent qui crustallina et murrina et caelata magnorum artificum manu portent: turpe est videri eas te habere sarcinas solas quae tuto concuti possint. Omnium paedagogia oblita facie vehuntur ne sol, ne frigus teneram cutem laedat: turpe est neminem esse in comitatu tuo puerorum cuius sana facies medicamentum desideret.

(8) Horum omnium sermo vitandus est: hi sunt qui vitia tradunt et alio aliunde transferunt. Pessimum genus [horum] hominum videbatur qui verba gestarent: sunt quidam qui vitia gestant. Horum sermo multum nocet; nam etiam si non statim proficit, semina in animo relinquit sequiturque nos etiam cum ab illis discessimus, resurrecturum postea malum.

(9) Quemadmodum qui audierunt synphoniam ferunt secum in auribus modulationem illam ac dulcedinem cantuum, quae cogitationes inpedit nec ad seria patitur intendi, sic adulatorum et prava laudantium sermo diutius haeret quam auditur. Nec facile est animo dulcem sonum excutere: prosequitur et durat et ex intervallo recurrit. Ideo cludendae sunt aures malis vocibus et quidem primis; nam cum initium fecerunt admissaeque sunt, plus audent.

(7) Schon jetzt reisen alle auf eine Weise umher, dass ihnen eine numidische Reiterschaft vorauseilt, dass ihnen ein Schar von Läufern voranschreitet: schändlich ist es, keine zu haben, die Entgegenkommende von der Straße jagen, die mit einer großen Staubwolke kundtun, dass ein vornehmer Mann sich nähert. Alle besitzen bereits Maultiere, die ihre Kristall-, [und] ihre Murra- und ihre von großen Künstlern fein von Hand ausgeführten Gefäße tragen: schändlich ist es zu offenbaren, man habe nur solches Gepäck, das gefahrlos durchgeschüttelt werden kann. Alle jungen Sklaven werden mit eingesalbtem Gesicht befördert, damit keine Sonne, damit keine Kälte die junge Haut schädigen kann: schändlich ist es, einen in seinem Gefolge junger Sklaven zu haben, dessen reine Schönheit sich nicht nach einer Salbe sehnt.

(8) Ein Gespräch mit all diesen muss man vermeiden; sie sind es, die ihre schlechten Eigenschaften weitergeben und von dem einen auf den anderen übertragen. Als schlimmste Art von Menschen galten diejenigen, die leeres Gerede verbreitet haben: es gibt etliche, die [dabei] ihre Laster verbreiten. Eine Unterredung mit ihnen schadet oft; denn auch wenn sie nicht sofort etwas bewirkt, lässt sie ihre Saat in der Seele zurück, und das Übel verfolgt uns selbst [dann], wenn wir uns von ihnen entfernt haben, um zu einem späteren Zeitpunkt wieder hervorzukommen.

(9) Wie diejenigen, die ein Konzert gehört haben, den Rhythmus und die Süße der Melodien in ihren Ohren mit sich forttragen, welche das Denken behindern und nicht zulassen, es auf ernsthafte Dinge zu lenken, so bleiben die Worte der Speichellecker und derer, die das Unrechte preisen, eine längere Zeit haften, als sie gehört werden. Und es ist nicht leicht, den lieblichen Klang aus dem Geiste zu vertreiben: er verfolgt einen, [und] dauert fort und kehrt nach geraumer Zeit zurück. Deshalb muss man seine Ohren vor üblem Gerede verschließen, und zwar [gleich] beim ersten; denn wenn es erst angefangen und man es zugelassen hat, erdreistet es sich [immer] mehr.

(10) Inde ad haec pervenitur verba: 'Virtus et philosophia et iustitia verborum inanium crepitus est; una felicitas est bene vitae facere; esse, bibere, frui patrimonio, hoc est vivere, hoc est se mortalem esse meminisse. Fluunt dies et inreparabilis vita decurrit. Dubitamus? Quid iuvat sapere et aetati non semper voluptates recepturae interim, dum potest, dum poscit, ingerere frugalitatem? ~Eo~ mortem praecurre[re] et quidquid illa ablatura est iam sibi [interimere?]. Non amicam habes, non puerum qui amicae moveat invidiam; cottidie sobrius prodis; sic cenas tamquam ephemeridem patri adprobaturus: non est istud vivere sed alienae vitae interesse.

(11) Quanta dementia est heredis sui res procurare et sibi negare omnia ut tibi ex amico inimicum magna faciat hereditas; plus enim gaudebit tua morte quo plus acceperit. Istos tristes et superciliosos alienae vitae censores, suae hostes, publicos paedagogos assis ne feceris nec dubitaveris bonam vitam quam opinionem bonam malle.'

(12) Hae voces non aliter fugiendae sunt quam illae quas Ulixes nisi alligatus praetervehi noluit. Idem possunt: abducunt a patria, a parentibus, ab amicis, a virtutibus, et [in turpem vitam ac miseram nisis transis inlidunt]. Quanto satius est rectum sequi limitem et eo se perducere ut ea demum sint tibi iucunda quae honesta!

(10) Dann kommt es zu solchen Aussagen: „Tugend und Philosophie und Gerechtigkeit sind ein Rauschen nichtiger Worte; Glück besteht einzig darin, sich das Leben angenehm zu machen; essen, trinken, sein Vermögen genießen, das heißt es zu leben, das heißt es, sich darauf zu besinnen, sterblich zu sein. Die Tage fließen dahin und unwiederbringlich verrinnt das Leben. [Warum] zögern wir? Was nützt es, weise zu sein und unterdessen dem Leben, das nicht immerwährend Freuden empfangen wird, solange es das kann, solange es das verlangt, Genügsamkeit aufzudrängen? Weshalb willst du dem Tod vorauseilen und alles, was er hinwegraffen wird, schon jetzt aus der Welt schaffen? Du wirst keine Mätresse haben, keinen jungen Sklaven, der die Eifersucht der Mätresse erregen könnte; Tag für Tag trittst du [in der Öffentlichkeit] nüchtern auf; deine Mahlzeiten sind derart, als ob du das Wirtschaftsbuch deines Vaters zufrieden stellen wolltest: das bedeutet nicht zu leben, sondern einem anderen Leben beizuwohnen.

(11) Welch eine Torheit, das Vermögen seines Erben zu verwalten und sich selbst alles zu versagen, sodass die große Erbschaft aus einem Freund einen Feind macht; er wird nämlich, da er ja mehr empfängt, eine größere Freude über deinen Tod empfinden. Auf diese mürrischen und finsteren Richter über die Lebensweise anderer, diese Feinde der eigenen, diese Volkserzieher sollte man keinen Pfennig geben und nicht zögern, sich lieber ein gutes Leben als einen guten Ruf zu wünschen.“

(12) Solchen Worten muss man entfliehen, wie jenen, an denen Odysseus nur vorbeisegeln wollte, nachdem man ihn [an den Mast] festgebunden hatte. Sie vermögen ein und dasselbe: sie verleiten zum Abfall vom Vaterland, von den Eltern, von den Freunden, von den Tugenden, und [stoßen dich in ein schändliches und elendes Leben, wenn du nicht unbeachtet an ihnen vorbeikommst]. Wie viel besser ist es, dem rechten Weg zu folgen und es bis dahin zu bringen, dass dir schließlich das angenehm ist, was sittlich gut ist!

(13) Quod adsequi poterimus si scierimus duo esse genera rerum quae nos aut invitent aut fugent. Invitant (ut) divitiae, voluptates, forma, ambitio, cetera blanda et adridentia: fugat labor, mors, dolor, ignominia, victus adstrictior. Debemus itaque exerceri ne haec timeamus, ne illa cupiamus. In contrarium pugnemus et ab invitantibus recedamus, adversus petentia concitemur.

(14) Non vides quam diversus sit descendentium habitus et escendentium? Qui per pronum eunt resupinant corpora, qui in arduum, incumbunt. Nam si descendas, pondus suum in priorem partem dare, si escendas, retro abducere, cum vitio, Lucili, consentire est. In voluptates descenditur, in aspera et dura subeundum est: hic inpellamus corpora, illic refrenemus.

(15) Hoc nunc me existimas dicere, eos tantum perniciosos esse auribus nostris qui voluptatem laudant, qui doloris metus, per se formidabiles res, incutiunt? Illos quoque nocere nobis existimo qui nos sub specie Stoicae sectae hortantur ad vitia. Hoc enim iactant: solum sapientem et doctum esse amatorem. 'Solus aptus est ad hanc artem; aeque conbibendi et convivendi sapiens est peritissimus. Quaeramus ad quam usque aetatem iuvenes amandi sint.'

(13) Wir werden imstande sein, dies zu erreichen, wenn wir verstehen, dass zwei Arten von Dingen existieren, die uns entweder anlocken oder flüchten lassen. Es reizen uns der Reichtum, das sinnliche Vergnügen, ein schönes Äußeres, Prunk, [und] die übrigen verführerischen Dinge, die Beifall finden: flüchten lassen uns Anstrengung, Tod, Schmerz, Schande, [und] eine karge Kost. Wir müssen uns also üben, damit wir diese nicht fürchten, jene nicht begehren. Gegen diese ganz entgegengesetzten Dinge sollten wir kämpfen und uns von denen, die uns reizen, lossagen, gegen die, die wir begehren, angespornt werden.

(14) Siehst du nicht, wie verschieden die Haltung von Herab- und Hinaufsteigenden ist? Diejenigen, die bergab gehen, beugen ihre Körper zurück, diejenigen, die bergauf [gehen], beugen ihn vor. Denn beim Herabsteigen sein Gewicht nach vorne zu legen, es beim Hinaufsteigen nach hinten zu verlagern, bedeutet, Lucilius, mit einem Fehler gemeinschaftliche Sache zu machen. Zu den sinnlichen Freuden steigt man herab, zu den harten und beschwerlichen muss man emporsteigen: in diesem Fall sollten wir unsere Körper antreiben, in jenem zügeln.

(15) Du glaubst, ich sage nun Folgendes: dass für unsere Ohren nur diejenigen verderblich sind, welche die sinnliche Freude preisen, welche uns Angst vor dem Schmerz – an sich schon eine furchtbare Sache – einflößen? Ich meine, auch jene Dinge schaden, die uns unter dem Schein der stoischen Lehre zu Verfehlungen ermutigen. Dies nämlich führen sie im Munde: dass nur ein Weiser und Gebildeter ein [guter] Liebhaber sei. „Allein er ist zu dieser Kunst fähig; er ist gleichermaßen kundig des Zechens wie des gemeinsamen Speisens. Wir sollten untersuchen, bis zu welchem Alter man junge Männer lieben kann.“

(16) Haec Graecae consuetudini data sint, nos ad illa potius aures derigamus: 'Nemo est casu bonus: discenda virtus est. Voluptas humilis res et pusilla est et in nullo habenda pretio, communis cum mutis animalibus, ad quam minima et contemptissima advolant. Gloria vanum et volubile quiddam est auraque mobilius. Paupertas nulli malum est nisi repugnanti. Mors malum non est: quid <sit> quaeris? Sola ius aequum generis humani. Superstitio error insanus est: amandos timet, quos colit violat. Quid enim interest utrum deos neges an infames?'

(17) Haec discenda, immo ediscenda sunt: non debet excusationes vitio philosophia suggerere. Nullam habet spem salutis aeger quem ad intemperantiam medicus hortatur. Vale.

(16) Solches mag der griechischen Lebensweise überlassen bleiben, wir wollen lieber dem hier Gehör schenken: „Niemand ist aus Zufall sittlich gut: Tugendhaftigkeit muss erlernt werden. Der sinnliche Genuss ist etwas Schwaches und Geringfügiges und muss als wertlos betrachtet werden; er ist uns mit den Tieren gemeinsam, die Geringsten und Verächtlichsten eilen ihm zu. Ruhm ist etwas Nichtiges und Unbeständiges, leichter zu bewegen als ein Lufthauch. Die Armut ist für keinen ein Übel, außer man kämpft gegen sie an. Der Tod ist kein Übel: was er [dann] sei, fragst du? Einzig das gleiche Recht der Menschen. Der Aberglaube ist ein unsinniger Wahn: er fürchtet [die Götter], die man lieben muss, er beleidigt diejenigen, die er anbetet. Welchen Unterschied macht es nämlich, ob man die Götter leugnet oder entehrt?"

(17) Folgendes muss gelernt, ja sogar auswendig gelernt werden: die Philosophie darf keine Rechtfertigung für einen Fehltritt liefern. Keine Hoffnung auf Gesundheit besitzt ein Kranker, den der Arzt zur Maßlosigkeit ermutigt. Lebe wohl.

Liber XX – Epistula CXXIV

Seneca Lucilio suo Salutem,

(1) *Possum multa tibi veterum praecepta referre,*
ni refugis tenuisque piget cognoscere curas.

Non refugis autem nec ulla te subtilitas abigit: non est elegantiae tuae tantum magna sectari, sicut illud probo, quod omnia ad aliquem profectum redigis et tunc tantum offenderis ubi summa subtilitate nihil agitur. Quod ne nunc quidem fieri laborabo.

Quaeritur utrum sensu conprendatur an intellectu bonum; huic adiunctum est in mutis animalibus et infantibus non esse.

(2) Quicumque voluptatem in summo ponunt sensibile iudicant bonum, nos contra intellegibile, qui illud animo damus. Si de bono sensus iudicarent, nullam voluptatem reiceremus; nulla enim non invitat, nulla non delectat; et e contrario nullum dolorem volentes subiremus; nullus enim non offendit sensum.

--------------------- ⚜ ---------------------

Buch 20 – Brief 124

Seneca grüßt seinen Lucilius,

(1) *Viele Lehrsätze der Ahnen kann ich dir vortragen,*
wenn du dich nicht sträubst und es nicht deinen Widerwillen erregt,
einfache Schriften zu studieren.

Aber du sträubst dich nicht und etwas Gründlichkeit schreckt dich nicht
ab: es entspricht nicht deinem Stil, nur dem Bedeutenden nachzujagen, so
wie ich anerkenne, dass du alles zu deinem Vorteil verwandelst und nur
dann Anstoß nimmst, wenn trotz äußerster Gründlichkeit nichts vorwärts-
geht. Ich werde mich bemühen, dass dies auch jetzt nicht geschieht.

Es wird untersucht, ob ein sittliches Gut mit dem Empfindungsvermögen
oder dem Verstand erfasst wird; dem ist anzufügen, dass bei sprachlosen
Tieren und Kindern kein [sittliches Gut] vorhanden ist.

(2) Alle, die das sinnliche Vergnügen als den höchsten Gipfel ansehen,
halten es für ein unsere Sinne betreffendes Gut, wir dagegen, die es dem
Geist zuweisen, für ein geistig wahrnehmbares. Wenn die Sinne über ein
Gut urteilen dürften, würden wir keine Vergnügung verschmähen; denn
jede verlockt, jede macht Freude; und umgekehrt würden wir freiwillig
keinen Schmerz ertragen; jeder [Schmerz] greift nämlich unser Empfinden an.

(3) Praeterea non essent digni reprehensione quibus nimium voluptas placet quibusque summus est doloris timor. Atqui inprobamus gulae ac libidini addictos et contemnimus illos qui nihil viriliter ausuri sunt doloris metu. Quid autem peccant si sensibus, id est iudicibus boni ac mali, parent? His enim tradidistis ad petitionis et fugae arbitrium.

(4) Sed videlicet ratio isti rei praeposita est: illa quemadmodum de beata vita, quemadmodum de virtute, de honesto, sic et de bono maloque constituit. Nam apud istos vilissimae parti datur de meliore sententia, ut de bono pronuntiet sensus, obtunsa res et hebes et in homine quam in aliis animalibus tardior.

(5) Quid si quis vellet non oculis sed tactu minuta discernere? Subtilior adhoc acies nulla quam oculorum et intentior daret bonum malumque dinoscere. Vides in quanta ignorantia veritatis versetur et quam humi sublimia ac divina proiecerit apud quem de summo, bono malo, iudicat tactus.

(3) Außerdem würden diejenigen keine Zurechtweisung verdienen, die übermäßig Gefallen an der sinnlichen Freude finden und größte Angst vor Schmerz[en] haben. Doch wir missbilligen [Menschen], die der Gefräßigkeit und der Wollust sklavisch ergeben sind, und verachten jene, die aus Furcht vor Schmerz[en] nichts tapfer in Angriff nehmen. Was machen sie nun aber falsch, wenn sie sich von ihren Sinnen, das heißt von Richtern über Gut und Böse, leiten lassen? Diesen habt ihr nämlich die Entscheidung über Angriff und Flucht anvertraut.

(4) Aber offensichtlich hat die Vernunft in dieser Angelegenheit das Kommando: wie sie über das glückliche Leben, wie sie über die Tugend, über das sittlich Gute entscheidet, so auch über Gut und Böse. Denn bei diesen da wird dem wertlosesten Teil das Urteil über den besseren zugestanden, sodass die Sinneswahrnehmung über das Gute entscheidet, obgleich sie geschwächt und abgestumpft und träger ist beim Menschen als bei anderen Lebewesen.

(5) Was [wäre], wenn einer ganz kleine Dinge nicht mit den Augen, sondern mit dem Tastsinn beurteilen wollte? Keine noch genauere und aufmerksamere Sinnesschärfe als die der Augen könnte uns befähigen, Gut und Böse zu unterscheiden. Du erkennst, in welch großer Unwissenheit über die Wahrheit sich derjenige befindet, bei dem der Tastsinn über das höchste Gut und das größte Übel entscheidet, und wie er [dabei] Erhabenes und Göttliches fahren lässt.

(6) 'Quemadmodum', inquit, 'omnis scientia atque ars aliquid debet habere manifestum sensuque conprehensum ex quo oriatur et crescat, sic beata vita fundamentum et initium a manifestis ducit et eo quod sub sensum cadat. Nempe vos a manifestis beatam vitam initium sui capere dicitis.'

(7) Dicimus beata esse quae secundum naturam sint; quid autem secundum naturam sit palam et protinus apparet, sicut quid sit integrum. Quod secundum naturam est, quod contigit protinus nato, non dico bonum, sed initium boni. Tu summum bonum, voluptatem, infantiae donas, ut inde incipiat nascens quo consummatus homo pervenit; cacumen radicis loco ponis.

(8) Si quis diceret illum in materno utero latentem, sexus quoque incerti, tenerum et inperfectum et informem iam in aliquo bono esse, aperte videretur errare. Atqui quantulum interest inter eum qui cum (que) maxime vitam accipit et illum qui maternorum viscerum latens onus est? Uterque, quantum ad intellectum boni ac mali, aeque maturus est, et non magis infans adhoc boni capax est quam arbor aut mutum aliquod animal. Quare autem bonum in arbore animalique muto non est? Quia nec ratio. Ob hoc in infante quoque non est; nam et huic deest. Tunc ad bonum perveniet cum ad rationem pervenerit.

(6) „Wie jede Wissenschaft und jede Kunst", sagt man, „etwas mit der Hand Greifbares und durch die Sinne Wahrnehmbares besitzen muss, aus dem es entstehen und sich entwickeln kann, so leitet das glückliche Leben seine Grundlage und Ursprünge von dem ab, was man mit der Hand greifen kann, und folglich von dem, was unter die Sinneswahrnehmung fällt. Denn ihr behauptet doch, dass aufgrund greifbarer Dinge das glückliche Leben seinen Anfang nimmt."

(7) Wir sagen, dass gesegnet ist, was sich in Übereinstimmung mit der Natur befindet. Was sich aber in Übereinstimmung mit der Natur befindet, zeigt sich offen und sogleich, als ob es ganz frisch ist. Das Naturgemäße, das gleich zu Anfang dem Neugeborenen zuteilwird, nenne ich nicht Gut, sondern den Anfang eines Guts. Das höchste Gut, das Vergnügen, schenkst du der Kindheit, sodass ein Neugeborenes dort anfängt, wo der vollkommene Mensch [erst] hingelangt; du setzt den Wipfel an die Stelle der Wurzel.

(8) Wenn jemand behaupten würde, dass jener im Mutterleib Verborgene, von unbestimmtem Geschlecht noch, zart und unvollendet und unförmig, schon irgendein Gut besitzt, erschiene es offensichtlich, dass er sich irrt. Aber wie klein ist doch der Unterschied zwischen dem, der eben erst sein Leben wahrnimmt, und jenem, der eine im Mutterleib verborgene Last ist? Beide haben, was das Verständnis von Gut und Böse betrifft, die gleiche Reife, und ein Kleinkind ist noch ebenso wenig zum Guten befähigt wie ein Baum oder ein irgendein sprachloses Tier. Warum aber gibt es kein Gut in einem Baum oder einem sprachlosen Tier? Weil sich [dort] auch keine Vernunft befindet. Deswegen ist es auch bei einem Kleinkind nicht vorhanden; denn auch ihm fehlt sie. Es wird [erst] dann zu einem Gut gelangen, wenn es zur Vernunft gelangt ist.

(9) Est aliquod inrationale animal, est aliquod nondum rationale, est rationale sed inperfectum: in nullo horum bonum, ratio illud secum adfert. Quid ergo inter ista quae rettuli distat? In eo quod inrationale est numquam erit bonum; in eo quod nondum rationale est tunc esse bonum non potest; <in eo quod rationale est> sed inperfectum iam potest bonum <esse>, sed non est.

(10) Ita dico, Lucili: bonum non in quolibet corpore, non in qualibet aetate invenitur et tantum abest ab infantia quantum a primo ultimum, quantum ab initio perfectum; ergo nec in tenero, modo coalescente corpusculo est. Quidni non sit? Non magis quam in semine.

(11) Hoc sic dicas: aliquod arboris ac sati bonum novimus: hoc non est in prima fronde quae emissa cum maxime solum rumpit. Est aliquod bonum tritici: hoc nondum est in herba lactente nec cum folliculo se exerit spica mollis, sed cum frumentum aestas et debita maturitas coxit. Quemadmodum omnis natura bonum suum nisi consummata non profert, ita hominis bonum non est in homine nisi cum illi ratio perfecta est.

(12) Quod autem hoc bonum? Dicam: liber animus, erectus, alia subiciens sibi, se nulli. Hoc bonum adeo non recipit infantia ut pueritia non speret, adulescentia inprobe speret; bene agitur cum senectute si ad illud longo studio intentoque pervenit. Si hoc est bonum, et intellegibile est.

(9) Es gibt vernunftlose, es gibt noch nicht vernünftige, es gibt vernünftige, aber unvollendete Lebewesen: in keinem von ihnen ist ein Gut vorhanden, die Vernunft bringt es [erst] mit sich. Wie also unterscheiden sich diese hier Angeführten? In dem, das vernunftlos ist, wird sich niemals ein Gut befinden; in dem, das noch nicht vernünftig ist, kann es zu diesem Zeitpunkt kein Gut geben; in dem, das vernünftig, aber unvollendet ist, könnte ein Gut vorhanden sein, ist es aber nicht.

(10) Daher, Lucilius, sage ich: ein Gut findet sich nicht in jedem beliebigen Körper, nicht in jedem beliebigen Alter, und es ist so weit vom Säuglingsalter entfernt wie vom Anfang das Ende, wie vom ersten Beginn die Vollkommenheit; es ist also auch nicht in einem zarten, eben erst gedeihenden Körperchen vorhanden. Könnte es dort nicht doch eines geben? Ebenso wenig wie in einem Samenkorn.

(11) Man könnte es so ausdrücken: wir bemerken etwas Gutes an einem Baum oder einer Pflanze: [doch] es steckt nicht im ersten Grün, das gerade erst hervorgetrieben die Erdkruste durchbricht. Es befindet sich etwas Gutes im Weizen: [aber] es ist noch nicht in dem sich nährenden Halm vorhanden, auch nicht, wenn sich die weiche Ähre aus ihrer Hülle befreit, sondern [erst dann], wenn der Sommer und die erforderliche Blütezeit den Weizen zur Reife gebracht hat. Wie alles in der Natur sein Gutes nur zeigt, nachdem es vollendet ist, so findet sich das menschliche Gut nur in einem Menschen, wenn die Vernunft in ihm vollendet ist.

(12) Was jedoch ist dieses Gut? Ich will es [dir] sagen: ein freier, ein erhabener Geist, der sich andere Dinge unterordnet, sich selbst [aber] keiner Sache. Das Säuglingsalter nimmt dieses Gut so wenig an, dass die Kindheit es nicht erhoffen kann, die Jugend es nicht allzu sehr erwarten darf; das Greisenalter kann sich glücklich schätzen, wenn es nach langem und eifrigem Streben es erlangt. Wenn es ein Gut ist, ist es vom Geist erfassbar.

(13) 'Dixisti', inquit, 'aliquod bonum esse arboris, aliquod herbae; potest ergo aliquod esse et infantis.' Verum bonum nec in arboribus nec in mutis animalibus: hoc quod in illis bonum est precario bonum dicitur. 'Quod est?', inquis. Hoc quod secundum cuiusque naturam est. Bonum quidem cadere in mutum animal nullo modo potest; felicioris meliorisque naturae est. Nisi ubi rationi locus est, bonum non est.

(14) Quattuor hae naturae sunt, arboris, animalis, hominis, dei: haec duo, quae rationalia sunt, eandem naturam habent, illo diversa sunt quod alterum inmortale, alterum mortale est. Ex his ergo unius bonum natura perficit, dei scilicet, alterius cura, hominis. Cetera tantum in sua natura perfecta sunt, non vere perfecta, a quibus abest ratio. Hoc enim demum perfectum est quod secundum universam naturam perfectum, universa autem natura rationalis est: cetera possunt in suo genere esse perfecta.

(15) In quo non potest beata vita esse nec id potest quo beata vita efficitur; beata autem vita bonis efficitur. In muto animali non est beata vita <nec id quo beata vita> efficitur: inmuto animali bonum non est.

(13) „Du sagtest“, wird erwidert, „dass auch ein Baum, auch eine Pflanze irgendein Gut besitzt; also kann auch ein Kleinkind ein Gut besitzen.“ Ein wahres Gut ist weder in Bäumen noch in den sprachlosen Tieren [zu finden]: das, was in jenen Gutes ist, nennt man [nur] gnadenhalber ein Gut. „Was ist es [dann]?“, fragst du. Das, was der Natur eines jeden Einzelnen gemäß ist. Ein Gut jedoch kann keinesfalls einem sprachlosen Tier zufallen; ein glücklicheres und besseres Geschöpf besitzt es. Nur dort, wo die Vernunft ihren Platz hat, existiert ein Gut.

(14) Es gibt folgende vier natürliche Wesensarten: die eines Baumes, die eines Tieres, die eines Menschen, [und] die eines Gottes: die zwei letzteren, die vernunftbegabt sind, haben dieselbe Natur, [und] unterscheiden sich nur insoweit, dass der eine unsterblich, der andere sterblich ist. Bei diesen nun vollendet die Natur das Gut des einen, nämlich das des Gottes, ihr neugieriges Bestreben das des anderen, des Menschen. Die anderen [beiden] sind nur hinsichtlich ihrer natürlichen Wesensart vollendet, nicht tatsächlich vollkommen, ihnen fehlt die Vernunft. Denn erst das ist vollkommen, was in Übereinstimmung mit der natürlichen Ordnung insgesamt vollkommen ist; in seiner Gesamtheit aber ist die natürliche Ordnung vernunftbasiert: das Übrige kann [nur] hinsichtlich seiner Wesensart vollkommen sein.

(15) Worin kein glückliches Leben existieren kann, kann es auch nichts geben, durch das ein glückliches Leben hervorgebracht wird; ein glückliches Leben jedoch wird durch Güter hervorgebracht. Im sprachlosen Tier gibt es kein glückliches Leben und auch nichts, wodurch ein glückliches Leben hervorgebracht wird: das sprachlose Tier besitzt kein Gut.

(16) Mutum animal sensu conprendit praesentia; praeteritorum reminiscitur cum <in> id incidit quo sensus admoneretur, tamquam equus reminiscitur viae cum ad initium eius admotus est. In stabulo quidem nulla illi via est quamvis saepe calcatae memoria [est]. Tertium vero tempus, id est futurum, ad muta non pertinet.

(17) Quomodo ergo potest eorum videri perfecta natura quibus usus perfecti temporis non est? Tempus enim tribus partibus constat, praeterito, praesente, venturo. Animalibus tantum quod brevissimum est <et> in transcursu datum, praesens: praeteriti rara memoria est nec umquam revocatur nisi praesentium occursu.

(18) Non potest ergo perfectae naturae bonum in inperfecta esse natura, aut si natura talis (habet) hoc habet, habent et sata. Nec illud nego, ad ea quae videntur secundum naturam magnos esse mutis animalibus impetus et concitatos, sed inordinatos ac turbidos; numquam autem aut inordinatum est bonum aut turbidum.

(19) 'Quid ergo?', inquis, 'muta animalia perturbate et indisposite moventur?' Dicerem illa perturbate et indisposite moveri si natura illorum ordinem caperet: nunc moventur secundum naturam suam. Perturbatum enim id est quod esse aliquando et non perturbatum potest; sollicitum est quod potest esse securum. Nulli vitium est nisi cui virtus potest esse: mutis animalibus talis ex natura sua motus est.

(16) Das sprachlose Tier erfasst durch eine Sinneswahrnehmung die Gegenwart; es erinnert sich an Vergangenes, wenn es auf etwas stößt, durch das es an seine Sinneswahrnehmung erinnert wird, so wie ein Pferd sich des Weges erinnert, wenn es an dessen Anfang geführt wird. Im Stall allerdings hat es keine Erinnerung an den Weg, mag er auch noch so oft betreten worden sein. Die dritte Zeit aber, das heißt die Zukunft, ist ohne Einfluss auf die Sprachlosen.

(17) Wie kann also die natürliche Wesensart derer als vollkommen erscheinen, denen der Gebrauch der vollkommenen Zeit nicht möglich ist? Denn die Zeit besteht aus drei Abschnitten: Vergangenheit, Gegenwart, [und] Zukunft. Tiere verfügen nur über den, der ihnen allzu kurz im Vorbeieilen gewährt ist: die Gegenwart. Selten besitzen sie eine Erinnerung an die Vergangenheit und nur bei der Begegnung mit Gegenwärtigem wird sie je einmal hervorgerufen.

(18) Folglich kann das Gut einer vollkommenen Natur sich nicht in einem unvollkommenen Wesen befinden, oder aber, wenn ein solches Wesen es besitzt, [müssten] es auch die Pflanzen besitzen. Und ich bestreite nicht, dass die sprachlosen Tiere in Hinsicht darauf, was augenscheinlich ihrer Natur entspricht, starke und heftige Triebe besitzen, aber ungeordnete und ungestüme; niemals aber ist ein Gut ungeordnet oder ungestüm.

(19) „Was nun also", fragst du, „bewegen sich die sprachlosen Tiere ohne Ordnung und Vorbereitung fort?" Ich würde behaupten, dass sie sich ohne Ordnung und Vorbereitung fortbewegten, wenn sich ihre Natur eine richtige Vorstellung von Ordnung machen könnte: so aber bewegen sie sich gemäß ihrer Natur fort. Ungeordnet nämlich ist, was auch einmal geordnet sein kann; beunruhigt ist, das auch sorglos sein kann. Ein Laster hat nur jemand, der imstande ist, Tugend zu besitzen. Bei den sprachlosen Tieren entspricht eine solche Fortbewegung ihrer Natur.

(20) Sed ne te diu teneam, erit aliquod bonum in muto animali, erit aliqua virtus, erit aliquid perfectum, sed nec bonum absolute nec virtus nec perfectum. Haec enim rationalibus solis contingunt, quibus datum est scire quare, quatenus, quemadmodum. Ita bonum in nullo est nisi in quo ratio.

(21) Quo nunc pertineat ista disputatio quaeris, et quid animo tuo profutura sit? Dico: et exercet illum et acuit et utique aliquid acturum occupatione honesta tenet. Prodest autem etiam quo moratur ad prava properantes. Sed <et> illud dico: nullo modo prodesse possum magis quam si tibi bonum tuum ostendo, si te a mutis animalibus separo, si cum deo pono.

(22) Quid, inquam, vires corporis alis et exerces? Pecudibus istas maiores ferisque natura concessit. Quid excolis formam? Cum omnia feceris, a mutis animalibus decore vinceris. Quid capillum ingenti diligentia comis? Cum illum vel effuderis more Parthorum vel Germanorum modo vinxeris vel, ut Scythae solent, sparseris, in quolibet equo densior iactabitur iuba, horrebit in leonum cervice formonsior. Cum te ad velocitatem paraveris, par lepusculo non eris.

(20) Aber ich will dich nicht allzu lange aufhalten: in einem sprachlosen
Tier wird sich irgendetwas Gutes, irgendeine Tugend, irgendetwas Vollkommenes befinden, aber kein uneingeschränktes Gut und weder Tugend
noch Vollkommenheit. Denn dies wird nur vernunftbegabten [Wesen] zu-
teil, denen es gegeben ist, das Warum, das Inwiefern, [und] das Wie nachzuvollziehen. Daher ist ein Gut nur dort vorhanden, wo die Vernunft sich
findet.

(21) Du fragst, worauf diese Erörterung nun abzielt und wie sie deinem
Geist zu Nutzen sein könnte? Ich sage: sie übt und schärft ihn und hält
den, der auf etwas hinarbeitet, in tugendhafter Beschäftigung. Nützlich ist
aber auch das, wodurch einer aufgehalten wird, der zum Verderblichen
eilt. Aber ich sage auch dieses hier: auf keine Weise kann ich nützlicher
sein, als wenn ich dir dein eigenes Gut entgegenhalte, als wenn ich dich
von sprachlosen Tieren absondere, als wenn ich dich einem Gott gleich-
stelle.

(22) Warum, frage ich dich, förderst und trainierst du deine Körperkräfte?
Dem Vieh und den Wildtieren hat die Natur größere [Stärke] geschenkt.
Warum schmückst du dein Äußeres aus? Nachdem du alles für es getan
hast, wirst du von sprachlosen Tieren an Schönheit übertroffen. Warum
machst du mit überaus großer Sorgfalt dein Haar zurecht? Auch wenn du
es nach Gewohnheit der Parther herabwallen lässt oder es nach Art der
Germanen zusammenbindest oder es, wie es gewöhnlich die Skythen tun,
ausgebreitet trägst: jedes Pferd schüttelt eine dichtere Mähne, bei jedem
Löwen wird eine ansehnlichere im Nacken sich sträuben. Obgleich du
dich in Schnelligkeit geübt hast, wirst du einem Häschen nicht ebenbürtig
sein.

(23) Vis tu relictis in quibus vinci te necesse est, dum in aliena niteris, ad bonum reverti tuum? Quod est hoc? Animus scilicet emendatus ac purus, aemulator dei, super humana se extollens, nihil extra se sui ponens. Rationale animal es. Quod ergo in te bonum est? Perfecta ratio. Hanc tu ad suum finem hinc evoca, <sine> in quantum potest plurimum crescere.

(24) Tunc beatum esse te iudica cum tibi ex te gaudium omne nascetur, cum visis quae homines eripiunt, optant, custodiunt, nihil inveneris, non dico quod malis, sed quod velis. Brevem tibi formulam dabo qua te metiaris, qua perfectum esse iam sentias: tunc habebis tuum cum intelleges infelicissimos esse felices. Vale.

———

(23) Willst du nicht lieber dasjenige hinter dich lassen, bei dem du dadurch, dass du dich um dir Wesensfremdes kümmerst, übertroffen werden musst, [nicht lieber] zu dem dir eigenen Gut zurückkehren? Welches das ist? Selbstverständlich ein von seinen Fehlern befreiter und unbefleckter Geist, ein Nacheiferer Gottes, der über das Menschliche hinaus sich erhebt, der auf nichts außer dem Seinen baut. Du bist ein vernunftbegabtes Wesen. Welches Gut ist also in dir vorhanden? Eine vollendete Vernunft. Rufe du sie zu deinem Zwecke hervor, damit sie sich möglichst weit entwickeln kann.

(24) Halte dich dann [erst] für glücklich, wenn aus dir selbst heraus alle Freude erwächst, wenn du bei der Ansicht dessen, was die Menschen an sich reißen, was sie wünschen, was sie behüten auf nichts stößt, das du, ich sage nicht, lieber wolltest, sondern das du [überhaupt] wolltest. Ich will dir eine kurze Formel geben, dank der du dich bemessen, dank der du urteilen kannst, ob du vollkommen bist: du wirst dann im Besitz des Deinen sein, wenn du begreifst, dass die [scheinbar] Glücklichen am unglücklichsten sind. Lebe wohl.